PRINCÍPIOS BÁSICOS DA LOGÍSTICA DE MATERIAIS NA CADEIA DE SUPRIMENTOS

ADMINISTRAÇÃO DE MATERIAIS

Antonio Pedro Barbosa

PRINCÍPIOS BÁSICOS DA LOGÍSTICA DE MATERIAIS NA CADEIA DE SUPRIMENTOS

ADMINISTRAÇÃO DE MATERIAIS

QUALITYMARK

Copyright© 2013 by Antonio Pedro Barbosa

Todos os direitos desta edição reservados à Qualitymark Editora Ltda.
É proibida a duplicação ou reprodução deste volume, ou parte do
mesmo, sob qualquer meio, sem autorização expressa da Editora.

Direção Editorial	Produção Editorial
SAIDUL RAHMAN MAHOMED editor@qualitymark.com.br	EQUIPE QUALITYMARK

Capa	Editoração Eletrônica
EQUIPE QUALITYMARK	APED-Apoio e Produção Ltda.

CIP-Brasil. Catalogação-na-fonte
Sindicato Nacional dos Editores de Livros, RJ

B195p
    Barbosa, Antonio Pedro
    Principios básicos da logística de materiais na cadeia de suprimentos : administração de materiais / Antonio Pedro Barbosa. - 1. ed. - Rio de Janeiro : Qualitymark Editora, 2013.
    208 p. : il. ; 23 cm.

    Inclui bibliografia e índice
    ISBN 978-85-414-0118-0

    1.Planejamento empresarial. 2. Planejamento estratégico. 3. Administração de material.
    4. Logística empresarial. I. Título.

13-04343   CDD: 658.7
                                                                                                   CDU: 658.7

2013
IMPRESSO NO BRASIL

Qualitymark Editora Ltda.
Rua Teixeira Júnior, 441 – São Cristovão
20921-405 – Rio de Janeiro – RJ
Tel.: (21) 3295-9800 ou 3094-8400

QualityPhone: 0800-0263311
www.qualitymark.com.br
E-mail: quality@qualitymark.com.br
Fax: (21) 3295-9824

Apresentação

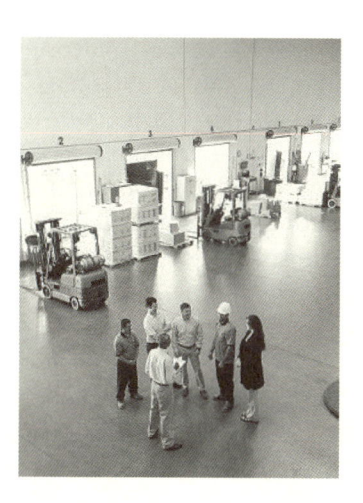

A fundamentação teórica deste livro visa a contribuir para a melhoria do conhecimento acadêmico da disciplina de *Logística de Materiais e Patrimônio*, uma vez que o trabalho de pesquisa aqui apresentado tem como base teórica os estudos realizados por vários especialistas e profissionais da área de materiais, bem como as interpretações consensuais dos agentes econômicos responsáveis pelo planejamento, organização e controle de insumos, produção e abastecimento do mercado consumidor, além do estudo de várias bibliografias sobre o assunto relacionado ao equilíbrio das operações produtivas dentro das organizações produtoras de materiais, produtos acabados e de serviços.

As características principais evidenciadas na estrutura econômica mundial estão centradas em suas várias fases de expansão industrial através dos tempos, como geradoras de expectativas e de incertezas, contrariando os conceitos da administração que justamente pautam suas atuações baseadas na previsibilidade como meio de diminuir essas incertezas e maximizar os seus resultados produtivos, como parte integrante do processo de desenvolvimento global.

E foi através desse desenvolvimento globalizado que surgiu um interesse maior a respeito de sua integração, não somente na cadeia de suprimento, mas em toda estrutura organizacional da empresa. Como os mercados apresentam uma característica dinâmica de alto consumo, em que os clientes veem pouca diferença entre as características físicas ou funcionais dos produtos, visto que existe uma grande similaridade, isso faz com que os gestores da área de materiais, tenham uma preocupação maior com a redução dos custos dos produtos fabricados e dos serviços prestados. Uma das estratégias, muito utilizada, está relacionada com as inovações no processamento. No Brasil, com a abertura comercial no inicio da década de 90, tornou-se crescente a necessidade das empresas brasileiras desenvolverem uma maior competitividade no mercado, tanto na venda dos produtos, como na forma de atendimento, o que significa uma prestação especial de serviço e que o mesmo permita a entrega do produto certo, na quantidade certa, no tempo certo e de acordo com as exigências e expectativas dos clientes.

Objetivos específicos: possibilitar a realização de conhecimentos técnicos na prática de gerenciamento e execução das atividades do processo logístico na produção de bens e serviços, principalmente nas atividades consideradas básicas e as mais críticas da área de materiais, como suprimento, controle de estoque, produção e distribuição dos produtos, bem como a administração coerente dos produtos que retornam do mercado consumidor, que são denominados de produtos de pós-consumo.

Relevância: o livro visa proporcionar aos leitores uma visão ampla do sistema logístico de materiais, motivar e incentivar a sua compreensão acadêmica, no que diz respeito a utilização das técnicas e dos recursos disponíveis, que vão desde a aquisição da matéria-prima, o fluxo de produção, até a comercialização do produto ao consumidor final. À medida que se intensifica o processo de mudanças no mundo dos negócios, torna-se cada vez mais necessário a utilização de novas técnicas e de novos conhecimentos, isto é, uma visão crítica dos fatores que interferem no processo dinâmico da produção, distribuição e consumo de produtos e serviços. Assim, a apresentação ressalta a objetividade do conteúdo do livro, para que os leitores e acadêmicos possam ter uma ideia da importância da administração de materiais para o desenvolvimento da economia mundial.

Capitulo I – Abordaremos as teorias que contribuíram para o desenvolvimento da produção mundial e o reconhecimento do homem como ser social dentro das organizações, bem como serão abordados também o envolvimento das organizações com as necessidades básicas dos indivíduos, em um mundo dinâmico, mutável e globalizado, que envolve essencialmente os principais recursos da produção. Na sequência, analisaremos as interrelações do ambiente externo com o ambiente interno das empresas, a evolução dos seus sistemas produtivos e os tipos de produção existentes nas organizações de acordo com suas atividades, seja ela fabricação de produtos ou produção de serviços.

Capitulo II – Nesta fase, analisaremos as atividades de compras, pesquisa e seleção de fornecedores, negociação, controle no recebimento de materiais, diferenciação entre recursos materiais e patrimoniais, entre outras abordagens.

Capitulo III – Daremos ênfases aos tópicos principais relacionados com: controle de estoque, ponto de reposição, programação, cálculos, gestão de custo de aquisição, custo de estoque, tipos de métodos de avaliação de estoques etc.

Capitulo IV – Trataremos do controle dos materiais relacionados com: sua contagem física e sua identificação, ou seja, a elaboração do inventário físico dos materiais, sua finalidade e seu controle interno através de códigos etc.

Capitulo V – Este capítulo está relacionado diretamente com os códigos de barras, suas finalidades e seus benefícios, principalmente os códigos utilizados em produtos vendidos no varejo.

Capitulo VI – Já esta fase contempla todos os critérios relacionados com a depreciação dos bens materiais relacionados com máquinas e equipamentos, com vistas a determinar a vida útil dos bens patrimoniais, além dos exemplos práticos para uma melhor assimilação do processo.

Capitulo VII – Trata exclusivamente da administração da produção e seus fatores produtivos, o desenvolvimento de novos produtos, diferença entre produtos e serviços, as características e as dimensões dos serviços, dos sistemas produtivos, dos modos de produção e seus arranjos físicos, além de cálculos referentes ao ponto de equilíbrio entre custos e quantidade produzida, entre outros.

Capitulo VIII – Visa a dar ao leitor uma visão geral sobre qualidade total, a implantação dos 5S e noções básicas sobre *Just-in-time*, além dos sistemas de avaliação das necessidades de materiais (MRP), planejamento dos recursos de distribuição (DRP) e outros.

Capitulo IX – Nesta fase, abordaremos os conceitos sobre os sistemas de informações e as tomadas de decisões, tendo a contabilidade como principal ferramenta de difusão das informações gerenciais.

Capitulo X – Falaremos sobre a logística de movimentação interna de materiais, seus princípios básicos e o seu gerenciamento logístico.

Capitulo XI – Ao contrário do conceito anterior, trataremos do processo de distribuição externa de produtos na cadeia de suprimentos, sua evolução histórica, seus objetivos e sua integração. Na continuidade, abordaremos também os tipos de modais, suas vantagens e desvantagens no transporte de mercadorias. No entanto, e como não podia deixar de ser, também apresentaremos alguns conceitos e princípios básicos sobre a recente forma de avaliação e reavaliação dos diversos tipos de produtos ou subprodutos que são originados pelo retorno de pós-distribuição ou consumo, denominado de logística reversa, que muito influencia nos fatores econômicos, ecológicos e sociais, principalmente na imagem da empresa junto ao mercado de clientes ou de consumidores.

Capitulo XII – Nesse momento, apresentaremos algumas vantagens relacionadas ao comércio internacional, tópico de grande importância para aqueles que desejam tornar os seus produtos internacionalizados, pois citamos os principais passos para exportações de mercadorias, as práticas dos "Incoterms" e outros assuntos específicos e de interesse geral.

Capitulo XIII – Neste capítulo, falaremos sobre as embalagens, seus tipos e suas finalidades nas transações comerciais, bem como as suas vantagens e desvantagens, principalmente no transporte de produtos perigosos.

Capitulo XIV – No penúltimo capítulo, fecharemos com a abordagem sobre os seguros de mercadorias, no que diz respeito aos conceitos e às formas especiais de seguros, principalmente sobre a responsabilidade civil do transportador rodoviário de cargas.

Capítulo XV – Propomos alguns exercícios práticos que podem ser facilmente desenvolvido pelos leitores interessados pela área da logística de materiais na cadeia de suprimentos.

Processo logístico: o processo dinâmico do desenvolvimento industrial fez com que aumentasse a concorrência entre as empresas em todas as áreas produtivas, seja na fabricação de produtos ou na produção de serviços, fazendo com que os empresários se posicionassem estrategicamente na busca de novas soluções gerenciais e operacionais para o equilíbrio da cadeia de suprimento. Este fato se deve principalmente pelo aumento contínuo das entradas e saídas de materiais dentro das organizações, ocasionando um grande problema para a área de armazenamento e, com isso, aumentou também o conceito de competitividade. O acirramento da competitividade passou a exigir das organizações a pronta ação e respostas aos novos desafios impostos pelo mercado. A aquisição de novos conhecimentos passou a ser o único meio capaz de se obter as respostas exigidas para a manutenção e avanço das posições já conquistadas neste mercado.

Hoje, podemos considerar o processo produtivo como praticamente consolidado, de acordo com suas várias fases de desenvolvimento industrial. Neste longo período, as empresas se modernizaram, criaram novos produtos, novos serviços, criaram meios e coisas mais adequadas ao uso e ao atendimento das necessidades e dos desejos do ser humano, salvo em alguns casos em particular, o que pode ser ocasionado por algumas inadequações do próprio ser humano à modernidade dos novos tempos. No entanto, para que alguns seres humanos pudesse se beneficiar das praticidades de alguns produtos, ou serviços, outros seres humanos passaram por situações difíceis, momentos de penúria e indignações. Isso aconteceu entre o século XVI e o final do século XVIII. Segundo Huntn e Sherman, citado por Motta em *Teoria Geral da Administração*:

A Revolução Industrial, responsável por esse fabuloso crescimento econômico, teve, no entanto, um custo social no mínimo lamentoso. Os camponeses, que vieram do campo para cidade, tinham que vender a sua força de trabalho em troca de salários irrisórios para sobreviver. Homens, mulheres e crianças trabalhavam até 16 horas por dia, em condições muito precárias. O sistema fabril mecânico regulava o trabalho do homem em torno do funcionamento da máquina, exigindo um ritmo maior e uma jornada de trabalho maior. A máquina transformou-se no foco central do processo produtivo.[1]

---

1 HUNTN; SHERMAN apud MOTTA, Fernando C. Prestes. VASCONCELOS, Isabella F. Gouveia de. ***Teoria geral da administração.*** 2005, p. 27.

Atualmente, o crescimento econômico é impulsionado pela capacidade tecnológica das empresas e de seus colaboradores, mas, graças a esse povo sofrido e suas indignações, foi que surgiram as associações, os sindicatos, as leis trabalhistas, entre outras ações que proporcionaram melhores condições de trabalho na produção de bens e serviços.

A Logística significa agilizar e otimizar uma série de atividades organizacionais, tanto no âmbito interno, como no âmbito externo da empresa, sendo que as mesmas estão relacionadas com o processo tradicional de aquisição, produção e vendas. Ou seja: compras, recebimento, controle de qualidade, estocagem, transformação, armazenamento, venda, expedição, distribuição e recolhimento das embalagens, das sobras dos produtos danificados ou fora de validade. Assim, uma das áreas da logística compreende a coordenação dos movimentos de materiais, que também significa que deve haver um constante acompanhamento, bem como uma avaliação de seus resultados qualitativos em termos de fornecimento, recebimento, nos modos de estocagem, na melhoria do processo produtivo,no produto acabado, no seu processo de distribuição e no recebimento dos serviços e dos produtos pelos clientes finais.

A logística de materiais, em uma definição genérica, consiste na preparação, colocação e posicionamento de materiais, através do gerenciamento integrado dos processos produtivos, incluindo-se aí o recebimento, armazenamento e distribuição. Em uma definição mais simples e prática, significa disponibilizar o produto certo, na hora certa, com um preço justo e na qualidade exigida pelo cliente. Em outras palavras, o gerenciamento logístico tem como objetivo tornar a cadeia de distribuição mais ágil, reduzindo assim o custo do sistema produtivo e proporcionando a satisfação plena de seus consumidores e clientes, dentro de uma lógica socialmente viável e ecologicamente correta, tendo a tecnologia da informação como principal canal de interrelacionamento entre fornecedor, produtor e distribuidor. A função da logística é basicamente dividida em duas partes, a logística interna, que está relacionada com suprimentos, produção e expedição; e a logística externa, que está relacionada com a distribuição dos produtos, o retorno das embalagens e a satisfação plena dos clientes.

Prefácio

As técnicas descritas no livro *Princípios Básicos da Logística de Materiais na Cadeia de Suprimentos* fazem compreender a importância da logística de materiais e patrimônio para uma organização. Prover recursos de controles eficientes para aquisição, produção, estocagem e consumo pode ser um negócio altamente rentável. A abordagem teórica para explicar essa linha da logística é de fácil entendimento e proporciona um conhecimento geral dos assuntos mais relevantes relacionados ao tema. Com esta leitura, pode-se fazer uma atualização rápida dos principais conceitos sobre logística de materiais.

De forma bem expositiva e didática, o livro está dividido em partes que se complementam para formar o todo significativo. Na Parte I, o autor descreve alguns temas relevantes sobre o processo de desenvolvimento econômico mundial e faz um breve relato histórico dos fatores de produção. Na Parte II, é apresentada a estrutura organizacional da logística de materiais e suas principais funções e atribuições.

O planejamento logístico de estoque é abordado na Parte III, quando o autor discute alguns exemplos e definições que possibilitam o entendimento do tema. Essa abordagem é feita por meio de uma proposta rica de análise e significados. O inventário físico de materiais é abordado na Parte IV. Essa leitura desperta o interesse do leitor sobre os conceitos, as finalidades e a abrangência do tema.

O modelo de identificação e controle é abordado na Parte V da obra, quando o autor mergulha nas questões relacionadas aos códigos de barras e seus padrões. Enquanto que na Parte VI encontram-se os conceitos e a importância do tema "depreciação de bens e patrimoniais". A

Parte VII aborda as questões da logística de produção, apresentando a diferença entre produtos e serviços.

As empresas e seus sistemas produtivos são o tema abordado na Parte VIII, que leva à compreensão de assuntos como: planejamento, execução e controle. Tudo isso indica que o ponto de equilíbrio nesse universo é fator relevante. Nessa parte também são abordados os conceitos e princípios de noções sobre qualidade total, fazendo uma ligação com a Parte IX, que trata de sistema de informações gerenciais, enfatizando os aspectos relevantes para a tomada de decisão.

A logística de movimentação interna nos setores da empresa é abordada na Parte X do livro. A discussão em torno dessa temática permite compreender fatores relevantes da logística de distribuição discutida na Parte XI. Nesse cenário, as próximas partes complementam essa discussão, pois apresentam as vantagens do comércio internacional (Parte XII), as embalagens e suas finalidades (Parte XIII), e os seguros no transporte de mercadorias (Parte XIV).

O livro é bem ilustrado e apresenta, em linguagem dialógica, uma reflexão e uma discussão sobre as temáticas abordadas em cada parte. Tudo isso é ilustrado com exemplos, podendo ser avaliados por meio dos exercícios propostos, que permitem a construção de saberes, a aprendizagem dos conteúdos discutidos.

Professor Hermínio Kloch
Pró-Reitoria de Operações da Uniasselvi,
instituição pertencente ao Grupo Kroton Educacional

Sumário

Parte Um: Introdução 1
    1.1 – O Processo de Desenvolvimento Econômico e seus Sistemas Produtivos 1
    1.2 – A Evolução Histórica dos Fatores da Produção ... 2

Parte Dois: A Estrutura Organizacional da Logística de Materiais 5
    2.1 – Estrutura dos Níveis Hierárquicos da Administração de Empresa 5
    2.2 – Arranjo da Estrutura Organizacional de Materiais 6
    2.3 – As Funções Principais da Logística de Compras .. 7
    2.4 – A Sequência do Processo de Compras 9
    2.5 – As Características das Negociações em Compras..... 12
    2.6 – As Questões Éticas nas Negociações e a Imagem da Empresa 13
    2.7 – Classificação dos Tipos de Compras 14
    2.8 – As Necessidades de Materiais 15
    2.9 – Os Recursos Patrimoniais 15

Parte Três: Planejamento Logístico de Estoque 17
    3.1 – Ponto de Reposição do Estoque 17
    3.2 – Classificação dos Tipos de Estoques 20
    3.3 – Controle de Estoques 22
    3.4 – Gestão dos Custos de Estoque 22
    3.5 – Métodos de Avaliação dos Estoques 26
    3.6 – Rotatividade dos Estoques 31
    3.7 – Alguns Significados sobre Controle de Estoque 32

Parte Quatro: Inventário Físico de Materiais 35
    4.1 – Conceitos, Finalidades e Abrangência dos Inventários Físicos de Materiais 35
    4.2 – Princípios Básicos para a Elaboração de um Inventário de Materiais e Patrimônio 37
    4.3 — Controle de Materiais e Patrimônio através de Códigos..39

Parte Cinco: Códigos de Barras 43
    5.1 – Conceitos, Finalidades e Benefícios dos Códigos
    de Barras 43
    5.2 – Tabela Para Montagem do Código de Barras
    EAN-13/8 46

Parte Seis: Depreciação de Bens Patrimoniais 47
    6.1 – Conceito e Importância da Depreciação dos Bens
    Patrimoniais 47
    6.2 – Critérios para Determinação do Tempo de Vida
    Útil de um Bem Patrimonial 48

Parte Sete: A Logística da Produção 51
    7.1 – A Diferença entre Produtos e Serviços 51
    7.2 – Os Serviços como Atividades de Apoio 52
    7.3 – Serviços como Centro de Lucratividade 53
    7.4 – Características dos Serviços 53
    7.5 – A Classificação das Operações de Serviços 54
    e suas Dimensões 54

Parte Oito: As Empresas e seus Sistemas Produtivos 59
    8.1 – Os Componentes de um Sistema de Produção.. 61
    8.2 – As Empresas e seus Fatores da Produção 64
    8.4 – Os Recursos Empresariais (Recursos Internos) ... 66
    8.5 – Os Sistemas de Produção 67
    (Métodos, Planos e Arranjos Físicos) 67
    8.6 – O Processo Logístico de Desenvolvimento de
    um Novo Produto 70
    8.7 – O Ciclo de Vida de um Produto 71
    8.8 – Planejamento, Execução e Controle Logístico da
    Produção de Materiais 73
    8.9 – Planejamento Logístico do Ponto de Equilíbrio
    da Produção 75
    8.10 – Custos Associados à Capacidade de Produção 77
    8.11 – Os Principais Elementos de Obstrução
    da Produtividade: 78

Parte Nove: Noções sobre Qualidade Total 79
    9.1 – Conceito de Qualidade Total 79
    9.2 – Os Princípios Básicos do Planejamento da
    Qualidade Total 80
    9.3 – A Implantação do Programa 5S na Empresa 84
    9.4 – Sistema Kaisen 90
    9.5 – O Método *Just-In-Time* e seus Benefícios 90

9.6 – Planejamento, Programação e Controle
da Produção 92
9.7 – Projeto de Produção 92
9.8 – Sistema de Avaliação das Necessidades
de Materiais... 93
9.9 – O Planejamento dos Recursos de Distribuição.. 96

Parte Dez: Sistema de Informações Gerenciais... 97
10.1 – As Informações Gerenciais e as Tomadas
de Decisões.. 97
10.2 – A Contabilidade como Ferramenta Logística na
Difusão das Informações 99

Parte Onze: Logística de Movimentação Interna 103
11.1 – Os Setores da Empresa e as Atividades
Logísticas... 103
11.2 – A Logística de Materiais e sua Relação
com Outros Setores 105
11.3 – Conceito de Suprimentos............................. 106
11.4 – Os Princípios Básicos da Logística
de Movimentação de Materiais............................... 107
11.5 – O Desafio do Gerenciamento Logístico 110

Parte Doze: A Logística de Distribuição 113
12.1 – O Gerenciamento Logístico 113
12.2 – A Evolução Histórica da Logística 114
12.3 – A Logística Integrada
(Distribuição e Retorno dos Materiais) 114
12.4 – As Estratégias de Mercado 119
12.5 – As Perspectivas da Logística na Visão
de Alguns Autores 120
12.6 – As Alternativas Logísticas para Localização ... 124
dos Centros de Distribuições 124
12.7 – Os Obstáculos no Alinhamento Estratégico .. 127
na Cadeia de Suprimentos 127
12.8 – A Estrutura de Projetos de Redes (Decisões) 128

Parte Treze: Transporte aéreo... 131
13.1 – As Características dos Transportes de Cargas 131
13.2 – Vantagens e Desvantagens dos Transportes
Marítimos 134
13.3 – Os Tipos de Navios 137
13.4 – Vantagens e Desvantagens dos Transportes
Rodoviários 138

13.5 – As Vantagens e Desvantagens dos Transportes
Ferroviários 138
13.6 – As Vantagens e Desvantagens dos Transportes
Aéreos 139

Parte Quatorze: As Vantagens do Comércio Internacional 141
14.1 – Os Principais Passos Rumo às Exportações
de Mercadorias 141
14.2 – A Internacionalização da Empresa 143
14.3 – Etapas da Internacionalização da Empresa 144
14.4 – Considerações Importantes 144
14.5 – Tipos de Exportações 145
14.6 – Práticas Comerciais nas Exportações
(Incoterms) 146

Parte Quinze: As Embalagens e suas Finalidades 151
15.1 – Os Objetivos das Embalagens 151
15.2 – As Vantagens e Desvantagens das
Embalagens 153
15.3 – Resumosobre as Embalagens 154
15.4 – Exemplos de Embalagens e suas Aplicações . 155
15.5 – As Embalagens no Transporte de Produtos
Perigosos 156
15.6 –Termos Empregados no Transporte de Produtos
Perigosos 156

Parte Dezesseis: Os Seguros no Transporte de Mercadorias 169
16.1 – Conceito Básico 169
16.2 – O Seguro de Mercadorias 170
16.3 – A Estrutura do Sistema Nacional
de Seguro Privado 171
16.4 – Os Principais Conceitos sobre Seguro 173
16.5 – Os Documentos Utilizados nas Transações
com Seguro 176
16.6 – As Formas Especiais de Seguro – Repasses.... 178
16.7 – Seguro de Responsabilidade Civil do
Transportador Rodoviário de Carga "Nacional" 180

Parte Dezessete: Exercícios Propostos 183

Referências Bibliográficas 187

Biografia 189

Parte Um:

Introdução

1.1 – O Processo de Desenvolvimento Econômico e seus Sistemas Produtivos

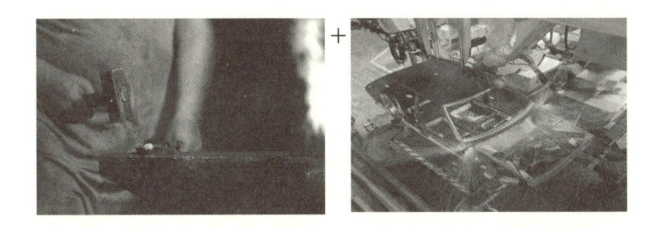

A modernização industrial de hoje está centrada em suas várias fases da expansão produtiva, bem como nas diversas linhas de pensamentos dos seus colaboradores no desenvolvimento teórico, que foram se aperfeiçoando através dos tempos. Os princípios teóricos da administração tiveram seu início com a Revolução Industrial século XVIII, provocando a substituição das oficinas artesanais pelas fábricas, o que mudou completamente o sistema de produção mundial, dando início a produção manufatureira ou produção industrial em contraposição ao trabalho nas oficinas.Ou seja, iniciava-se um novo ciclo do processo produtivo, surgindo também a necessidade de se organizar o modo de administração dos processos de produção e trabalho, mas foi somente no final do século XIX, que teve início os estudos sobre administração de empresa,visto que a eficácia da produção dependia e ainda depende da eficácia administrativa.

Frederick Winslow Taylor foi sem dúvidas um dos pioneiros nessa nova fase da produção. Esse pioneirismo surgiu por volta de 1889 em função de um livro escrito por ele, intitulado *Princípios de Administração*

Científica, um conjunto de técnica que tinha como principal objetivo alcançar a eficiência no trabalho produtivo industrial, e que foram se aperfeiçoando com o desenvolvimento do conhecimento humano e pelo aprimoramento das técnicas de produção. Cada vez mais parece haver necessidade de uma abordagem interativa, uma vez que a produção faz parte de um conjunto de operações, estando amplamente relacionada com a satisfação dos clientes, qualidade dos produtos e serviços, bem como todos os elementos que de uma forma ou de outra interagem no processo de produção, vendas, distribuição e consumo, bem como a manutenção contínua dos recursos naturais como forma de sustentabilidade ambiental e social.

1.2 – A Evolução Histórica dos Fatores da Produção

Como sabemos, uma grande parte dos materiais existentes são produzidos através de organizações. As organizações são constituídas pelas indústrias, o comércio, as universidades, os bancos, os hospitais, as transportadoras, as telecomunicações, a imprensa, e outros.

Assim, podemos afirmar que quase todos os bens produzidos na face da terra são destinados à satisfação das necessidades humanas; para tanto, o homem desenvolveu várias atividades dentro de um sistema contínuo de possibilidades de criação recriações, ou seja, um processo permanente de exploração e transformação da própria natureza das coisas, através do trabalho e do desenvolvimento das técnicas em suas diversas aplicações. Baseado nesta premissa, o homem produz, transforma, reproduz, acumula e distribui riquezas, que constituem todos os bens ou produtos disponíveis, necessários ao atendimento das necessidades e desejos da sociedade como um todo. Isso é realizado através das organizações, dos recursos existentes e adquiridos pelas empresas, que podemos considerá-los como fatores da produção, que os individuo ou instituição se habilitam e tomam para si, para iniciarem o desenvolvimento de suas atividades a fins.

Como sabemos, nem todos conseguem produzir tudo, e nem tudo pode ser produzido por todos;às vezes, algumas coisas só podem ser produzidas por alguns, com técnica e habilidades específicas, uma perfeição que só pode ser executada e realizada por quem acredita que podemos ter e viver em um mundo cada vez melhor, pois o mundo é uma relação de possibilidades infinitas de compra, produção, vendas e trocas de produtos e serviços, o que requer por parte das empresas o domínio das técnicas, que estão, a cada dia, mais avançadas, o que exige informações precisas sobre esses avanços tecnológicos, bem como a aquisição de materiais qualificados dentro das normas mundiais e que os mesmos venham em encontro das expectativas do mercado consumidor.

Mas não basta ter acesso a matéria-prima de qualidade se as instalações, máquinas, equipamentos e pessoas, funções e atividades não estiverem alinhadas de acordo com a evolução e a dinâmica da economia mundial. Portanto, a evolução tecnológica está baseada na evolução da economia e vice-versa, que por sua vez pode ser um instrumento de consolidação dos conceitos da qualidade, não da qualidade total, mas apenas da qualidade, visto que tudo pode ser alterado, melhorado e inovado; isso serve para produtos e serviços.

O resultado dessas atividades é que irão determinar a utilização desses bens ou produtos e o seu valor intrínseco ou o seu valor de troca, o que vai permitir a sua transferência de um individuo ou de uma organização para outra, de acordo com a oferta e a procura dos mesmos em relação ao mercado.

Mercado

Na era clássica, o conceito de mercado se dava no sentido mais restrito: era apenas um lugar onde as pessoas trocavam suas mercadorias por outras mercadorias ou mesmo por dinheiro; no entanto, com o decorrer dos tempos e do desenvolvimento desta atividade, através da evolução da economia como um todo, foi acrescentado um novo conceito, que passou do tradicional mercado restrito para um mercado mais abrangente, como: local, regional, nacional e internacional. E para estudar esses mercados foram criados astuciosamente alguns mecanismos, como estratégia de *marketing* em relação à divulgação dos produtos e as estratégias mercadológicas, que dizem respeito ao estudo do mercado em termos de comportamento.

Mercadologia

Assim como a biologia é a ciência que estuda a vida, a mercadologia é a ciência que estuda os mercados no seu sentido mais amplo, sendo a base principal de estudo da mercadologia, pois esse mercado representa a totalidade de pessoas, organizações públicas e privadas que vendem e compram bens e serviços, ou seja: cidades, estados ou países. Tudo isso faz parte do processo de desenvolvimento econômico mundial que foi amplamente acompanhado e divulgado através dos diversos trabalhos dos diversos autores da área de materiais. Assim, a modernização industrial passou por várias fases, até chegar ao estágio atual:

Fase 1 ⇨ Oficinas artesanais, até o século XVIII ⇨ Trabalho realizado com as mãos ou ferramentas rústicas ⇨ Baixa produção ⇨ Baixa necessidade de gerenciamento do processo produtivo.

Fase 2 ⇨ Fábricas, que dão início à Revolução Industrial no século XVIII ⇨ Trabalho realizado por meio de máquinas ⇨ Alto volume de produção ⇨ Alta necessidade de gerenciamento do processo, trazendo à tona os princípios teóricos da administração.

Fase 3 ⇨ Automação industrial e surgimento da "sociedade da informação", a partir da metade do século XX ⇨ Altos níveis de produção, produtividade e competição ⇨ Aprimoramento das ferramentas da administração e emergência da "economia de serviços".

A continuidade do assunto sobre o desenvolvimento do processo produtivo será abordado de forma interativa entre os recursos naturais e o processo de produção como um todo.

Parte Dois:

A Estrutura Organizacional da Logística de Materiais

2.1 – Estrutura dos Níveis Hierárquicos da Administração de Empresa

(Abrangência da direção ou comando)

Dirigir significa interpretar os planos para os outros e dar as instruções sobre como executá-los em direção aos objetivos a atingir. Os diretores dirigem os gerentes, os gerentes dirigem os supervisores, e os supervisores dirigem os funcionários ou operários. A direção pode dar-se em três níveis distintos.

De acordo com Max Weber (1940), todas as incertezas são previstas e manipuladas por especialistas orientados e a responsabilidade pela solução dos problemas é atribuída aos diferentes níveis hierárquicos da organização (adequação dos meios aos objetivos pretendidos). Ainda segundo ele, a organização é constituída por três níveis hierárquicos, a saber:

```
              Diretores      /\      Nível Institucional
                            /  \
                           /Decisões\
                          /..........\
        Gerentes e Chefes/   Planos   \  Nível Gerencial
                        /..............\
   Supervisores e Executivos/ Operações  \ Nível Técnico
                      /_____\
```

1. Direção no nível global: é a direção que abrange a empresa como uma totalidade. É a direção propriamente dita. Cabe ao presidente da empresa e a cada diretor em sua respectiva área promover de forma racional os recursos disponíveis, incentivando e motivando as pessoas para que elas possam elevar os seus potencias na busca de uma melhor competitividade de mercado (nível estratégico da empresa).
2. Direção no nível departamental: é a direção que abrange cada departamento ou unidade da empresa. É a chamada gerência. Envolve o pessoal do centro do organograma (nível tático da empresa).
3. Direção no nível operacional: é a direção que abrange cada grupo de pessoas ou de tarefas. É a chamada supervisão. Envolve o pessoal da base do organograma (nível operacional da empresa).

2.2 – Arranjo da Estrutura Organizacional de Materiais

A estrutura organizacional representa a maneira pela qual os vários órgãos e cargos estão dispostos e arranjados para o seu funcionamento em direção aos objetivos propostos pela organização. A estrutura organizacional da administração de materiais possui características diferentes, considerando-se aí as organizações empresariais primárias, secundárias e terciárias. No caso dos dois primeiros tipos de organizações citadas, em que as mesmas são caracterizadas por uma estrutura tipicamente industrial, a administração de materiais geralmente encontra-se subordinada à administração de produção; já no caso das organizações terciárias ou prestadores de serviços, a administração de materiais geralmente encontra-se sob a subordinação das operações da organização, ou dependendo do porte e do tipo de produto fabricado, a administração de materiais pode se encontrar no mesmo nível da produção, sendo subordinada ao nível de diretoria ou de uma gerência geral de comando, conforme organograma abaixo.

2.2.1 – Estrutura Hierárquica da Administração de Materiais

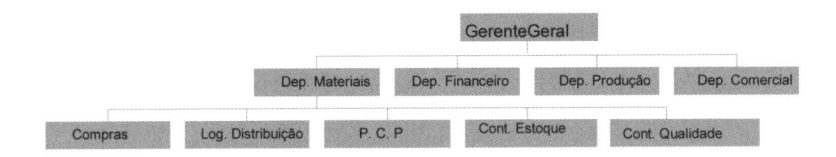

```
                          GerenteGeral
        ┌──────────────┬──────────────┬──────────────┐
   Dep. Materiais  Dep. Financeiro  Dep. Produção  Dep. Comercial
   ┌────┬──────────┬─────┬──────────────┬──────────────┐
Compras  Log. Distribuição  P. C. P  Cont. Estoque  Cont. Qualidade
```

2.3 – As Funções Principais da Logística de Compras

A função de compras é essencialmente ligada ao departamento de materiais e compõe os processos de suprimentos da organização. Comprar envolve todo o processo de localização de fornecedores e fontes de suprimentos, aquisição de materiais através de negociações de preço e condições de pagamento, bem como o acompanhamento do processo junto aos fornecedores como forma de controlar e garantir o fornecimento de acordo com as especificações solicitadas pela organização. O que de acordo com Bowersox:

As necessidades de suprimentos determinam as quantidades de entradas de componentes e materiais, de modo a dar apoio às necessidades previstas de produção. A função de suprimento envolve a manutenção de um fluxo contínuo de materiais. Na produção, a função de suprimento deve facilitar a entrada de materiais e componentes dos fornecedores. Qualquer que seja a situação, a função de suprimento coordena as decisões relativas à qualificação de fornecedores, a intensidade da negociação desejada, a acordos com terceiros e à viabilidade de contratos de longo prazo.[1]

As atividades de compras são quase sempre executadas da mesma forma, ou seja, são cíclicas e quase sempre rotineiras. São cíclicas, porque envolvem um ciclo de etapas que necessariamente devem ser cumpridas, cada qual no seu tempo previsto e de acordo com cada situação apresentada. São rotineiras, porque este ciclo é acionado sempre que

---
[1] De acordo com Bowersox, 2001, p.47.

surgir a necessidade de se adquirir determinados materiais. Diante deste conceito e com base em suas várias etapas ou fases, podemos dizer que estas fases ocorrem simultaneamente, desde a compra da matéria-prima, estocagem, passando pelo processo de produção, armazenamento, até sua distribuição (consumidor final) e que deve ser orientado por um fluxograma relativo à sua movimentação, conforme abaixo:

- Usuários: Produção, manutenção, almoxarifado, expediente, limpeza e outros (percepção das necessidades de materiais). Envia requisição para o almoxarifado, que verifica o estoque; não existindo, envia a requisição para o setor de compras.
- Compras: Analisa as requisições de materiais enviadas pelos setores através do almoxarifado e identifica os possíveis fornecedores. Negocia a compra pelo menor preço possível, envia pedido para o fornecedor, dá entrada no sistema, envia cópias dos pedidos para os setores: financeiro, de contabilidade e de recebimento.
- Recebimento: Recebe os materiais comprados, confere o pedido com a nota fiscal do fornecedor e, após a conferência, envia os materiais para o almoxarifado.
- Almoxarifado: É responsável pelo recebimento, classificação, codificação, estocagem, controle e distribuição dos materiais comprados aos setores requisitantes; se for constatado a necessidade de análise, os materiais serão enviados ao controle de qualidade.
- Controle de qualidade: Analisa o material e emite laudo ou pareceres, atestando o nível de qualidade do mesmo, geralmente quando se trata de matéria-prima para produção ou produtos acabados.
- Produção: É responsável pelo processo de transformação da matéria-prima, em produtos semiacabados ou acabados e posteriormente enviados ao deposito de produtos.
- Depósito/expedição: Guarda os produtos acabados por um curto período de tempo e os fornece aos clientes através do setor de expedição ou logística de distribuição.
- Distribuição: È responsável pela entrega dos materiais às diversas empresas responsáveis pela exposição e venda dos produtos e dos serviços aos consumidores finais. Neste processo, estão incluídos os centros de distribuições, os atacadistas, os varejistas, os representantes e outros, que de uma maneira ou de outra estão envolvidos na disposição e na comercialização dos produtos na cadeia de suprimentos.

2.4 – A Sequência do Processo de Compras

- **Análise das requisições de compras**

A solicitação de compras é um documento que fornece autorização para o comprador executar uma compra, que é solicitada de acordo com a programação de produção, um projeto em desenvolvimento ou, ainda, para o abastecimento geral da organização. A solicitação de compras é o documento que informa o que deve ser comprado, a quantidade, o tipo de material em relação às suas características físicas, ou composição química, prazo de entrega, local da entrega e local de sua aplicação, entre outros dados que se façam necessários que sejam indicados pelo seu usuário.

- **Pesquisa e seleção de fornecedores**

A pesquisa de mercado e a seleção dos fornecedores têm como objetivo principal reunir um maior número possível de empresas que preencham os requisitos básicos de suficiência, de acordo com as normas e padrões preestabelecidos como adequados pelas organizações normativas. O objetivo principal deste trabalho é encontrar fornecedores que possuam condições de entregar os materiais necessários dentro das quantidades solicitadas, padrões de qualidade requeridos no tempo determinado pelo requisitante, com menores preços e/ou mais competitivos e nas melhores condições de pagamento. Os fornecedores devem ser confiáveis, isto é, devem ser uma fonte de abastecimento contínua e ininterrupta.

- **Negociação com fornecedores selecionados**

O processo de negociação tem o seu início quando o comprador solicita as propostas dos fornecedores potenciais, através de cotações de preços, e continua com a preparação do comprador para a discussão de importantes aspectos a serem considerados, quando da necessidade de uma reunião com tais fornecedores, para tomada de posições e esclarecimento de algumas dúvidas a respeito da transação comercial de compra e venda de mercadorias. Cabe ao comprador, quando da preparação para a negociação, avaliar suas próprias limitações, fazendo o mesmo com relação ao fornecedor. A habilidade do comprador para exercitar tal responsabilidade, influencia significativamente no transcorrer e no resultado das negociações (conforme será visto mais adiante). O que, de acordo com Ballou:

As necessidades da linha de produção ou do sistema de operações são convertidas em ordem de compra. Um comprador seleciona fornecedores que atingem requisitos de preço, entrega e qualidade exigida. Assim, a ordem de compra é preparada e enviada à firma fornecedora com as instruções e importantes informações logísticas, como quantidade a ser embarcada, destino da entrega e data requerida para entrega constam da ordem de compra. Em seguida, o fornecedor processa e prepara a ordem para remessa. A entrega é arranjada pelo fornecedor ou pela firma compradora, conforme o acordo de preço. Se o transporte é incluído no preço, geralmente o próprio fornecedor realiza sua contratação. Se não, em geral o comprador trata do transporte. Após a recepção do carregamento, este é submetido à inspeção de qualidade e colocado no estoque até ser necessário para operações. Este é o ciclo de suprimento usual.[2]

---

2 Segundo Ballou, 1993, p. 59.

Portanto, "comprar", diferentemente do que propõe o dicionário Aurélio, deve ser uma coisa prazerosa e acima de tudo, um ato responsável, pois geralmente está em jogo não só a capacidade e competência do comprador, envolvendo vultosas somas em dinheiro, onde uma compra mal realizada pode trazer grandes prejuízos para empresa e até mesmo o fechamento da mesma.

- **Acompanhamento do pedido**

O comprador competente profissionalmente deve manter registros sobre a vida do produto na organização, controlando todas as fases do processo de compra, as variações de preço, as modificações das quantidades solicitadas, a indicação de nova condição de pagamento, entradas de mercadorias, bem como todo o fluxo de materiais no interior da organização. Estes dados devem ser mantidos permanentemente atualizados para que possam ser consultados a qualquer momento, sendo que estes devem ser confiáveis.

- **Controle do recebimento do material comprado**

O sistema de recebimento tem por objetivo reduzir o tempo decorrido entre o recebimento e o armazenamento dos materiais comprados. As áreas operacional e de compras são notificadas, imediatamente, ao recebimento de materiais essenciais ao processo produtivo. O resultado deste tipo de atuação é a melhor utilização dos recursos existentes no recebimento, bem como na redução do manuseio de materiais. O ciclo de compras também é contínuo e ininterrupto, pois o enorme volume de trabalho que transita neste departamento implica em cobrança constante e intensa, principalmente se ocorrerem mudanças no plano de produção, envolvendo antecipações ou atrasos nas entregas dos materiais adquiridos pelo departamento de compras ou nos materiais produzidos pelo departamento de produção.

Comprar bem é um dos meios de se reduzir custos. Para tanto, alguns fundamentos são utilizados no processo, como, por exemplo: verificar os prazos, preços, qualidade e volume adquirido. Além disso, é preciso manter-se bem relacionado com o mercado fornecedor, antevendo, na medida do possível, eventuais problemas que possam vir a prejudicar a organização no cumprimento de suas metas de produção, ou seja, o comprador deve ter, além do conhecimento técnico dos materiais, habilidade em **negociação**.

2.5 – As Características das Negociações em Compras

Negociação: A negociação em compras pode se apresentar como um elemento simples ou como um elemento complexo, vai depender do volume e do valor envolvido na transação. É aí que a habilidade do comprador se faz necessária: na apresentação das propostas, artifícios e contrapropostas, ou seja, apresentação de argumentos lógicos que possam definir a negociação, com resultados positivos para as partes envolvidas. A negociação muitas vezes pode gerar uma situação de conflito causado pelas divergências de interesses no decorrer do processo de interações pessoais.

Nas interações pessoais, também vamos encontrar três tipos de situações de conflitos, que são próprias do processo de negociação, dependendo apenas do nível de interesse e da conformidade das partes envolvidas.

Primeiro: A negociação como um caso particular de troca de interesse, onde as partes discutem o assunto e chegam a uma conclusão ou um acordo sobre os termos expostos independentemente de quem os ditou (regras).

Segundo: Quando uma das partes envolvida na negociação estabelece condições rígidas praticamente forçando a outra parte a aceitar as suas condições. Isso ocorre em situações de crise econômica onde os materiais se tornam escassos; prática considerada abusiva e antiética (em termos), pois algumas pessoas poderiam considerá-la como estratégia de vendas.

Terceiro: Quando o processo da negociação não se dá a contento, criando uma situação de conflito em que a mesma implique em ameaças, denúncias ou processos, prejudicando ou interrompendo o processo das transações comerciais. As negociações são de certa forma, justificadas pelas ações comerciais de compras, vendas e pelas trocas de mercadorias entre os indivíduos, ou entre os indivíduos e as organizações, tendo como elemento principal o poder de barganha e habilidades das partes envolvidas. Assim, tanto os indivíduos como as organizações (empresas) têm necessidades de defenderem seus interesses, para que através dos mesmos possam atingir suas metas e seus objetivos.

2.6 – As Questões Éticas nas Negociações e a Imagem da Empresa

A questão ética não se prende somente ao setor de compras, mas em todas as atividades, e isso é que nos leva a uma abordagem mais aprofundada das relações humanas. Assim, tanto os aspectos legais como os aspectos morais são extremamente importantes, principalmente para os profissionais da área de materiais, que muitas vezes são tentados por alguma contrapartida proveitosa.Esses tipos de posturas não são aconselháveis, pois vão além do interesse puramente comercial que constitui o objeto da negociação.

A Diferença Entre Ética e Moral

A ética é uma questão de consciência individual, ou seja, depende da indagação ou da reflexão que o individuo faça a si mesmo, em relação às repercussões e efeitos punitivos.Geralmente esta punição se dá em caráter administrativo, uma vez que, depende da natureza do delito, do vinculo entre o individuo e a empresa. Isso tudo ocorre por falta de normas, leis e regulamentos definidos para coibição dos procedimentos e das questões consideradas antiéticas.

No entanto, não devemos confundir a ética com a moral; como já vimos anteriormente, ética é um processo de conduta individual e consciente ou uma filosofia de vida, enquanto que a moral é um conjunto de valores, normas e comportamentos, um código de conduta preestabelecido pela sociedade ou por grupos sociais. No caso específico da administração de materiais, não é nossa intenção discutir o problema ético, mesmo porque trata se de uma ciência à parte. Ficando apenas como sugestão do que o comprador e o fornecedor não devem fazer em hipótese alguma:

- **O comprador** não deve aceitar presentes ou comissões, pois esta prática pode desvirtuar ou comprometer a qualidade do material adquirido, em virtude de acordos e influências que possam interferir na imparcialidade da compra.
- **O fornecedor** também não deve oferecer ao comprador qualquer tipo de benefício que não seja em prol da própria empresa que está adquirindo o material, podendo ser em forma de descontos, prazo de pagamento mais longo, pontualidade na entrega etc.

2.7 – Classificação dos Tipos de Compras

Para um bom desempenho do processo produtivo de qualquer organização, é necessária a interação, não só do setor de compras com os setores ligados diretamente ao setor de produção, como é o caso do setor de manutenção, mas com todos os setores considerados de apoio ao processo produtivo da empresa, visto que o setor de compras não se limita apenas às compras de materiais, conforme **gráfico abaixo**.

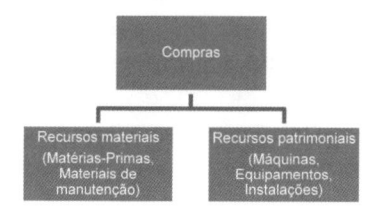

```
                    Compras
                       |
          ┌────────────┴────────────┐
   Recursos materiais         Recursos patrimoniais
   (Matérias-Primas,              (Máquinas,
    Materiais de                  Equipamentos,
    manutenção)                   Instalações)
```

Como já sabemos, as atividades de compras devem interagir com as atividades dos demais departamentos, num processo dinâmico de informações e resultados nas resoluções dos problemas. Hoje, existe uma nova forma de comprar e de vender produtos e serviços, ou seja, uma forma mais eficiente onde os esforços se somam em busca de objetivos comuns. A área de compra também se interage com os fornecedores e clientes através da comunicação eletrônica. Com o advento do computador e o processo da globalização, trouxe para o mundo dos negócios uma nova concepção de realidade, ou seja, um processo dinâmico, instável e evolutivo, e a adaptação a essa nova realidade será cada vez mais uma questão de sobrevivência. Portanto, a informação será daqui para frente, a grande aliada dos gestores de materiais e suprimento. Esta interação pode se dar no âmbito externo como no âmbito interno da empresa. Como já ficou claro, todo esse processo dinamiza e reduz o índice de falta de produtos, o tempo médio de armazenamento, e aumenta substancialmente o volume de cargas recebidas, além de diminuir custos para a empresa. Tudo isso, graças às informações e a comunicação eletrônica através dos *Hardwares*, *Softwares* e da Internet, empreendendo rapidez, segurança, economia e precisão no fluxo das informações, além de aumentar o grau de relacionamento entre seus parceiros.

2.8 – As Necessidades de Materiais

Demanda

Tanto para compras de bens materiais ou suprimentos, bem como nas compras de bens patrimoniais, em ambos os casos as necessidades ocorrem em detrimento da demanda, que por sua vez força as entradas, ou seja, ocorre uma relação direta entre as entradas e as saídas. No caso dos bens patrimoniais (assunto que veremos mais adiante), a demanda pode se dar pela necessidade de expansão da empresa (novas instalações) ou pelo desenvolvimento de novos produtos, podendo ser o caso da aquisição de máquinas, equipamentos e instalações que irão fazer parte integrante do patrimônio da mesma. No caso das aquisições materiais esse processo pode ser manifestado pela necessidade de reposições periódicas, ponto de reposição de materiais, solicitações de compras não programadas (emergência), aumento na produção, aumento nas vendas etc.

2.9 – Os Recursos Patrimoniais

Os recursos patrimoniais é que irão formar a base operacional da empresa, o que vai possibilitar e facilitar o processo produtivo; portanto, é necessário que haja uma perfeita sintonia, no processo produtivo tanto do ponto de vista dos seus posicionamentos como também de sua conservação, pois, como sabemos, os bens patrimoniais são responsáveis pelo crescimento e pela otimização dos resultados e objetivos das empresas, o que significa dizer que a gestão desses recursos constitui um dos princípios fundamentais da administração patrimonial.

Os recursos patrimoniais têm um conceito mais abrangente, pois eles estão relacionados a quase tudo que existe na empresa no que diz respeito a sua parte física, móveis e imóveis, como prédios, máquinas, equipamentos, veículos e outras instalações adquiridas pela empresa, parte no inicio e parte ao longo da existência da mesma.

Todos os bens patrimoniais sofrem desgastes no decorrer de sua vida útil, que podem ser produzidos em decorrência da própria ação do tempo ou pelo excesso de trabalho.Por isso o empresário, de tempos em tempos, tem a necessidade de adquirir novos equipamentos (atualização), podendo ser essa aquisição por meio de compra, troca ou permuta, que pode ser total ou parcial, o que vai depender da situação no momento em que essa necessidade se apresenta e da capacidade do empresário em supri-las (viabilidades). Para tanto é necessário que a administração tenha um controle e um registro geral de todos os bens patrimoniais. Isso poderá ser feito através de fichas de controle de bens patrimoniais, também conhecido como inventário físico. Assim, o administrador pode ter uma ideia precisa da quantidade de bens existentes e o montante de capital empregado nos mesmos, possibilitando assim, um controle de sua vida útil e das depreciações necessárias de acordo com o tempo de duração de cada equipamento.

Parte Três:

Planejamento Logístico de Estoque

3.1 – Ponto de Reposição do Estoque

O planejamento da quantidade de materiais que devem ser comprados e estocados, não pode ser feito aleatoriamente, deve obedecer alguns critérios técnicos de previsibilidade, minimizando assim as incertezas ocasionadas pelas demandas de produção e mercado consumidor. Existem vários pontos e definições sobre o controle de estoque de materiais, sendo o mesmo constituído de:

Ponto de reposição: é um modelo matemático de controle de estoque, também considerado um dos mais importantes, visto que ele é responsável pelo acionamento do processo de compras, tão logo o estoque de um determinado item atinja um nível, ou um ponto de reposição previamente estabelecido, levando-se em conta o seu consumo médio, seu tempo de reposição e o percentual de segurança em relação ao seu consumo mensal. Portanto, todo o processo de controle de estoque tem que ser minuciosamente planejado, pois aumentar o nível de segurança em mais alguns dias também pode significar um aumento nos custos de manutenção de estoque: quanto maior for a quantidade de materiais estocados, maior será o custo de sua manutenção. Os estoques de segurança existem por causa das incertezas da demanda e do *lead time* de fornecimento. Segundo Ballou (2001), se a demanda fosse determinística e a reposição fosse instantânea, não haveria a necessidade desse tipo de estoque.

Para melhor compreender o cálculo, acompanharemos o exemplo abaixo:

Determinada peça é consumida em 10.000 unidades mensalmente e sabemos que seu tempo de reposição é de 45 dias. Então, qual é seu ponto de reposição (PR), uma vez que seu estoque de segurança é de 10% do consumo mensal?

PR = (CM x TR) + ES
C = 10.000 unidades por mês x 10% = 1000 unidades, sendo assim:
TR = 45 dias = 1,5 mês
ES = 1000 unidades x 1,5 meses = 1.500 unidades
PR = (10.000 X 1,5) + 1.500 unidades
PR = 15.000 + 1.500 unidades
PR = 16.500 unidades

Diante desta situação, em que o prazo de entrega do material é de 45 dias, a primeira compra deverá ser de 16.500 unidades. No entanto, quando o prazo de entrega for imediato, a situação é completamente diferente.

Exemplo: uma peça é consumida a uma razão de 30 unidades por mês, e seu tempo de reposição é de dois meses. Sendo assim, qual seria o ponto de pedido, uma vez que o estoque mínimo deve ser 100% do consumo mensal?

PP = Em + (C x TR)
PP = (30 x 2) + 30
PP = 90 unidades.

O que significa que: toda vez que o estoque atingir a quantidade de 90 peças, deverá ser emitido um novo pedido de compra. E assim, sucessivamente.

Uma Situação em que o Prazo de Entrega Seja Imediato:

Podemos considerar a mesma situação acima citada e já resolvida matematicamente, mudando apenas o prazo de entrega, que passa agora a ser imediato, ou seja:

C = 10.000 unidades mês + 1000 unidades que seria o estoque de segurança
TR = imediato
PR = Q/2 que é igual à quantidade consumida durante o mês dividida por 2, ou melhor: 10.000/2 seria igual a 5.000 unidades. Assim, podemos estabelecer um ponto para realizar a reposição dos materiais, que seria na metade do mês, ou 15 dias após o início do processo de produção, conforme o gráfico abaixo:

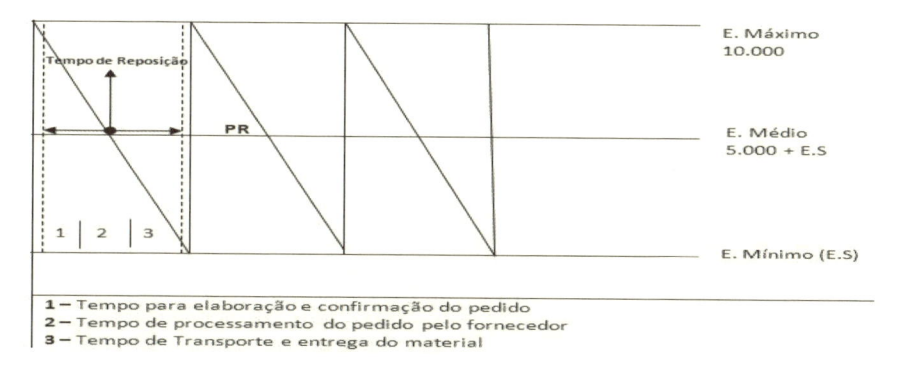

```
Tempo de Reposição                                    E. Máximo
                                                      10.000

            PR                                        E. Médio
                                                      5.000 + E.S

  1 | 2 | 3
                                                      E. Mínimo (E.S)
```

1 – Tempo para elaboração e confirmação do pedido
2 – Tempo de processamento do pedido pelo fornecedor
3 – Tempo de Transporte e entrega do material

Estoque Médio = Quantidade Consumida / 2 + E. Segurança, que é equivalente ao Ponto de Reposição (PR)

O que significa:

- Sempre que a quantidade de material for igual ao estoque médio, devemos emitir um novo pedido de compras, visto que, o departamento de compra precisa de um tempo para levantamento dos fornecedores;
- Negociar preço, prazo de entrega e condições de pagamento;
- Pegar assinatura da diretoria, autorizando a compra;
- Enviar ou confirmar o pedido de compra junto ao fornecedor do material a ser comprado etc.

O estoque mínimo, ou estoque de segurança, é uma quantidade de matéria-prima ou materiais auxiliares que deverão permanecer no estoque apenas para uma emergência, decorrente de um atraso por parte do fornecedor, podendo apenas ser renovada naturalmente, dentro do processo de entrada e saída de materiais. Assim, a empresa, no decorrer dos primeiros 15 dias, utiliza 50% do material que foi adquirido na primeira compra e em seguida faz um novo pedido relativo ao consumo mensal, que deverá chegar imediatamente, após o estoque chegar a zero + o estoque de segurança, como já foi explicado, deve permanecer sem ser usado. No entanto ele vai se renovando naturalmente, pois, ele pode ser usado no período da produção e reposto por o material que chegou mais recentemente, e assim sucessivamente. Mas, nada impede que o ponto de reposição possa estar situado no início da produção, isto é: a empresa inicia a produção com a quantidade relativa ao consumo mensal e faz um novo pedido, que irá chegar em 30 dias, o que, de acordo com o tipo de material, capacidade de produção, isso tem possibilidade de acontecer; então a empresa pode lançar mão do estoque de segurança.

3.2 – Classificação dos Tipos de Estoques

- **Estoque máximo**

É o resultado do somatório do estoque de segurança mais a quantidade consumida, ou adquirida em um determinado momento. O nível máximo de estoque deve ser suficiente para suportar as variações normais de estoque em face da dinâmica de mercado, deixando margem que assegure, a cada nova compra, que o nível máximo de estoque não cresça e onere os custos de manutenção do mesmo.

$Emax = ES + LC$

Exemplo: Qual é o estoque máximo de uma peça cujo lote de compra é de 1.000 unidades e o estoque de segurança é igual à metade do lote de compra?

$Emax = ES + LC$

$Emax = (1.000 + 500)$
$Emax = 1.000 + 500 = 1.500$ unidades

- **Estoque de segurança**

Um aspecto importante na política de estoques é o estoque de segurança. Trata-se da manutenção de uma quantidade mínima de materiais nos estoques destinados a evitar o desabastecimento da produção e a venda de produtos acabados. Na medida em que a produção vai utilizando os materiais, os estoques também vão diminuindo até o ponto de reposição. O ponto de reposição indica a necessidade de novas compras. Na definição do estoque de segurança, é necessário considerar o tempo que o fornecedor leva para repor o material e a programação de demanda e consumo dos materiais. O cálculo para estabelecer o estoque de segurança é relativamente simples. Faz-se um levantamento do volume de vendas ou consumo de um determinado período e estabelece o grau de risco que se quer correr em relação ao atendimento aos clientes, ou ao atendimento, a produção e vendas.

- **Estoque mínimo**

Para que se possa definir o estoque mínimo, temos em primeiro lugar definir também o nível ou grau de atendimento que queremos dar aos nossos clientes.Depende, também, do grau de exatidão do consumo e da demanda. No entanto, é prudente determinar o grau de atendimento, desde que o mesmo não fique tão distante do consumo e da demanda prevista.

Fórmula: $Emn = C \times K$
Onde: Emn = estoque mínimo
         C = consumo médio mensal
         K = fator de segurança para possíveis riscos de ruptura

Obs.: O fator k é proporcional ao grau de atendimento que você quer dar à sua produção e aos seus clientes (fator de risco), considerando uma escala de 100% deve seguir o exemplo abaixo.

Exemplo: se quisermos que somente 20% de um determinado material fique à descoberta, ou seja, zerado, sabendo que o consumo médio mensal é de 70 peças, concluímos que: se o estoque vai ficar defasado em 20%, isto significa que o meu grau de atendimento é de 80%.

$Emn = 70 \times 80 = 56$ peças

O estoque mínimo será de 56 unidades, que também é considerado o **estoque de segurança**

3.3 – Controle de Estoques

O controle do estoque é necessário para que o abastecimento da produção ou da venda não sofra solução de continuidade, mantendo-se o fluxo normal. Para o controle de estoque, é preciso:

- definir o objetivo do controle (padrões a serem considerados);
- o que, como e quando controlar;
- como divulgar os resultados;
- como corrigir os desvios.

O controle de estoque envolve um sistema de registro, coleta e processamento de informações, além de um conjunto de rotinas. Hoje em dia, tais controles são exercidos com o auxílio de microcomputadores através de programas de gerenciamentos de estoque.

3.4 – Gestão dos Custos de Estoque

Na gestão de estoques, faz-se mister ocupar-se com os custos: por item; de estocagem; de pedidos; de esvaziamento de estoque; relacionados à capacidade.

- **Custos por item**

O valor de um item comprado consiste no custo da mercadoria propriamente dita, acrescido de outros custos diretamente relacionados com a aquisição e transporte do mesmo até a empresa. Da mesma forma que incluem transporte, taxas, seguros, entre outros, para os produtos fabricados na própria empresa, além dos custos que incluem a mãodeobra direta e os custos indiretos de fabricação.

- **Custos com emissão de pedidos**

Como o termo já define, são os custos que estão diretamente relacionados com a emissão de um ou mais pedidos de compras, independentemente da quantidade de pedidos emitidos, seja de um lote de compra de 5 peças, ou um lote de 50 peças. Os custos com pedidos geralmente incluem:

- Custos de controle de produção, ou seja, o esforço despendido anualmente no controle da produção e que os mesmos dependem do número de pedidos emitidos, ou seja, emissão, fechamento, à programação, à determinação da carga, o despacho e à expedição do pedido.
- Custos relacionados ao tempo de preparação e emissão dos pedidos, ou seja, o tempo consumido com as diversas operações ou atividades necessárias à finalização dos mesmos, bem como o resultado de sua produtividade, como: tempo e resultado.
- Custos com pedidos de compras. Estes custos também incluem a preparação do pedido, o envio dos mesmos aos fornecedores, o recebimento dos materiais e o pagamento da fatura. Esse é um custo que, a exemplo dos custos anteriores, também dependente do número de pedidos emitidos.

  - Exemplo: supomos os seguintes custos anuais:
  - salário do departamento de compras = R$ 50.000,00
  - salário do controle de recebimento dos materiais = R$ 20.000,00
  - salário do controle de qualidade = R$ 30.000,00
  - pedidos emitidos por ano = 5.000

$$\text{Custo Médio} = \frac{\text{Custo Total Relacionado com Pedidos}}{\text{Número de Pedidos}}$$

Custo Médio = $\frac{\text{R\$ 50.000,00 + R\$ 20.000,00 + R\$ 30.000,00}}{5.000}$ = R$ 20,00

- **Custos por falta de estoque**

A redução total dos estoques pode representar um grande problema em função dos custos relacionados com os pedidos não atendidos, diminuição gradativa no atendimento e até a perdas de clientes. O que justifica a preocupação e a importância da manutenção de um estoque mínimo, para proteger a empresa em ocasiões em que a demanda, durante o *lead time*, for maior que a prevista.

- **Custos de armazenamento**

Todo e qualquer tipo de armazenagem de materiais gera automaticamente determinados custos. Existem duas variáveis que aumentam estes custos: as quantidades em estoque e o seu tempo de permanência. Para que possamos mais bem administrar os estoques, devemos calcular quais os custos que os afetam.Os fatores que compõem os custos de armazenamento são:

- **Custo de materiais:** são os custos referentes aos juros do capital parado, obsolescências, seguro etc.
- **Custo de edificações:** são as despesas mensais para manter o estoque como: seguro, aluguel, água, luz etc.
- **Custo de pessoal**: são os custos com as pessoas envolvidas diretamente no manuseio, controle etc.
- **Custo de manutenção:** refere-se à movimentação dos equipamentos utilizados na conversação e manuseio deste estoque e suas depreciações. Para se calcular os custos de armazenamento de determinados materiais. Podemos utilizar a seguinte fórmula:

$$CA = \frac{Q}{2} xTxPxI$$

Onde:
CA = custo de armazenamento
Q = quantidade de materiais em estoque
P = preço unitário do material
I = taxa de armazenamento, expresso geralmente em percentual do custo unitário.

Para que essa expressão seja válida, torna-se necessária a verificação de duas hipóteses:o custo de armazenamento é proporcional ao estoque médio, ou melhor, no ponto x, quando o estoque é máximo, o custo de armazenamento é máximo. No ponto y, quando o estoque é mínimo, o custo de armazenamento é mínimo.

Assim, o custo com armazenamento é a soma de todos os custos envolvidos no mesmo. O custo com armazenamento é composto por uma parte fixa e uma parte variável, sendo que a parte fixa é igual a: aluguel, salário, seguro contra incêndio etc. A parte fixa independe da quantidade e do tempo de estocagem do material. A taxa de armazenamento é obtida com a seguinte fórmula:

- **Taxa de armazenamento**
Ta = taxa de armazenamento físico

$$Ta = 100x\frac{AxCa}{CxP}$$

Ta = taxa de armazenamento físico

$$Ta = 100x\frac{AxCa}{CxP}$$

Onde:
A = área ocupada com o material
Ca = custo anual do m² do armazenamento
C = consumo anual do material
P = preço unitário do material
Tb = taxa de retorno de capital (custo)

$$Tb = 100x\frac{LucroAnual}{QxP}$$

Obs.: o índice tem que ser maior que 1 para ser um bom investimento
Onde: Q x P = valor dos produtos estocados

Tc = taxa de seguro do material estocado

$$Tc = 100x\frac{CustoAnualdoSeguro}{QxP}$$

Td = taxa de obsolescência do material

$$Td = 100x\frac{PerdasAnuais}{QxP}$$

Te = outras taxas, como: mão de obra, água, luz

$$Te = 100x \frac{DespesasAnuais}{QxP}$$

Resumindo: conforme dito antes, a TA é a soma de todas as taxas
TA = a soma de Ta+Tb+Tc+Td+Te

Finalmente, calculados o custo com armazenamento (CA) e o custo com pedidos (CP), teremos então o custo de estoque(CE) ou CE = CA+CP

3.5 – Métodos de Avaliação dos Estoques

De acordo com a legislação vigente, consta do artigo 183, inciso II, da Lei 6.404 de 15 de dezembro de 1976, que as transferências de mercadorias destinadas ao setor de produção ou relacionadas com a compra e vendas das mesmas, devem ser avaliadas pelo seu custo de aquisição, ou seja, pelo método PEPS, podendo também ser utilizado o método de avaliação pelo custo médio.

Portanto, as avaliações dos estoques podem ser realizadas através do seu volume físico, como, em valores financeiros. A avaliação por valores, podemos tomar por base os métodos PEPS (Fifo), método UEPS (Lifo), ou pode ser utilizado o método de avaliação pelo custo médio de aquisição, ou média ponderada, além de outros métodos, como a tradicional Curva ABC, que também será analisada mais a frente.

- **Avaliação de estoque pelo método PEPS**

Para um melhor entendimento sobre o assunto, analisaremos as entradas e saídas de alguns itens referente à matéria-prima comprada, estocada e posteriormente retirada do estoque para o setor de produção, para ser utilizada no processo de transformação, matéria-prima em produtos acabados. Exemplo: a empresa Vende Muito Ltda., efetuou as seguintes operações, de acordo com o exposto abaixo.

No dia 02/06/09, a empresa comprou 300 quilos de matéria-prima ao preço de R$ 3,00 por quilo. No dia 08/06/09, a empresa retirou do estoque no almoxarifado 200 quilos de matéria-prima, para serem utilizados na produção. No dia 15/06/09, a empresa comprou 200 quilos de matéria-prima, ao preço de R$ 3,50 por quilo. No dia 20/06/09, a empresa retirou do saldo de estoque, mais 300 quilos de matéria-prima, também destinados ao setor de produção. No entanto, foi verificado que o estoque anterior era de 100 quilos e que os mesmos foram adquiridos ao preço de R$ 2,00 por quilo.

Tabela 4

2009		Entradas			Saídas			Saldo em Estoque		
Data	NF	Quant.	P.Unit.	Total	Quant.	P. Unit.	Total	Quant.	P. méd.	Total
31/05	Saldo	---	---	---	---	---	---	100kg	2,00	**200,00**
02/06	001	300kg	3,00	900,00	---	---	---	100 kg 300kg Total	2,00 3,00	200,00 900,00 1.100,00
08/06	Saiu	---	---	---	200kg	100x2,00 100x3,00	200,00 300,00	200kg Total	3,00	600,00 600,00
15/06	002	200kg	3,50	700,00	---	---	---	200kg 200kg Total	3,00 3,50	600,00 700,00 1.300,00
20/06	Saiu	---	---	---	300kg	200x3,00 100x3,50	600,00 350,00	100kg Total	3,50	350,00 350,00
Investimento R$ 1.600,00 + **200,00**1.800,00					Saída 1.450,00			Saldo		350,00

Portanto, o valor atual do estoque é de R$ 350,00

A avaliação pelo método PEPS (FIFO) baseia-se no preço do material pela ordem de entrada, ou seja, sai o material que entrou antes pelo preço que ele entrou. A sigla PEPS, significa o primeiro a entrar, o primeiro a sair, e seu preço está baseado no custo que ele entrou para o estoque. Terminando o lote antigo, aplica-se o preço do imediatamente mais antigo e assim sucessivamente. Assim, os cálculos podem ser comprovados de acordo com a fórmula:

CMP = Ei + CMC − EF, onde :
CMP = custo das matérias-primas
EI = estoque inicial

CMC = custo do material comprado
EF = estoque final (quantidade e valor)

- **Avaliação de estoque pelo método UEPS**

Já o método UEPS, este funciona de maneira inversa ao método PEPS, ou seja, enquanto no PEPS o estoque e as saídas são avaliadas pelo preço das aquisições mais antigas, no método UEPS o estoque e as saídas para a produção são avaliadas pelo preço das aquisições mais recentes.
PEPS (Fifo): significa o primeiro que entra é o primeiro que sai
UEPS (Lifo): significa o último a entrar é o primeiro a sair
Com base no exemplo anterior, analisaremos os estoques com base no método UEPS, que era sempre a valorização das matérias-primas e dos saldos em estoques, baseados nos últimos preços das últimas aquisições ou compras.

Exemplo: Tabela 5

2009		Entradas			Saídas			Saldo em Estoque		
Data	NF	Quant.	P.Unit.	Total	Quant.	P.Unit.	Total	Quant.	P.Unit.	Total
31/05	Saldo	—	—	—	—	—	—	100 kg	2,00	**200,00**
02/06	002	300 kg	3,00	900,00	—	—	—	100 kg 300 kg Total	2,00 3,00	200,00 900,00 1.100,00
08/06	Saiu	—	—	—	200 kg	3,00	600,00	100 kg 100 kg Total	2,00 3,00	200,00 300,00 500,00
15/06	002	200 kg	3,50	700,00	—	—	—	100 kg 100 kg 200 kg Total	2,00 3,00 3,50	200,00 300,00 700,00 1.200,00
20/06	Saiu	—	—	—	300 kg	200x3,50 100x3,00	700,00 300,00	100 kg Total	2,00	200,00 200,00
		Investimento R$ 1.600,00 + **200,00**		1.800,00	Saída		1.600,00	Saldo		200,00

- **Avaliação de estoque pelo método da média móvel ponderada**

Agora, analisaremos as mesmas operações, baseadas na média móvel ponderada, que, como já foi dito antes, também se faz permitido o uso deste método pela legislação vigente, visto que ele ajudo na definição dos custos unitários das matérias-primas compradas em datas diferentes e com custos diferenciados.

Exemplo: Tabela 6

2009		Entradas			Saídas			Saldo em Estoque		
Data	NF	Quant.	P.Unit.	Total	Quant.	P.Unit.	Total	Quant.	P.Unit.	Total
31/05	Saldo	—	—	—	—	—	—	100 kg	2,00	**200,00**
02/06	002	300 kg	3,00	900,00	—	—	— Média	100 kg 300 kg 400 kg	2,00 3,00 2,50	200,00 900,00 1.000,00
08/06	Saiu	—	—	—	200 kg	2,50	500,00	200 kg Total	2,50	500,00 500,00
15/06	002	200 kg	3,50	700,00	—	—	—	200 kg 200 kg 400 kg Total	2,50 3,50 3,00	500,00 600,00 1.200,00 1.200,00
20/06	Saiu	—	—	—	300 kg	200x3,00 100x3,00	600,00 300,00	100 kg Total	3,00	300,00 300,00
		Investimento R$ 1.600,00 +**200,00**		1.800,00	Saída		1.400,00	Saldo		300,00

- **Método de avaliação pela Curva ABC**

1 – Conceito

É um método de ordenação de itens de estoque de uma empresa e classificação em grupos de itens, sob o ponto de vista econômico-financeiro, de acordo com suas importâncias relativas.

2 – Objetivo

Determinar quais os itens que devem merecer mais atenção sob o ponto de vista administrativo(isto é, os mais importantes em termos de produção de resultados) e quais os que terão administração superficial(ou seja, produtos responsáveis por uma parte irrisória do valor total das compras).

3 – Aplicação

A origem do método é atribuída a WilfredoPareto, que, de acordo com Pozo (2001, p.85):

por volta de 1897 ele elaborou um estudo na Itália a respeito da distribuição de renda e riqueza da população local, constatando que poucos indivíduos concentravam a maior parte das riquezas existentes. Logo após o término da Segunda Guerra Mundial foi utilizado como importante instrumento de controle e gerenciamento de estoque pela *General Eletric* (USA), podendo ser utilizado para diversas finalidades. A montagem da Curva ABC processa-se em quatro passos, da seguinte forma:

4 – Levantamento

- Inicialmente, devemos levantar **todos os itens** do problema a ser resolvido, com os dados de suas etapas iniciais, ou seja: números de itens, códigos dos materiais, preços unitários e preços totais;
- O segundo passo é colocar todos os itens em uma tabela em ordem de valores, ou seja, partindo do maior para o menor valor (forma decrescente); em seguida, ver o percentual de participação de cada valor total de cada item em relação ao montante total.

Curva ABC – Tabela 6

Itens	Códigos	Valor Total	Percentual	Valor Acumulado	Percentual Acumulado	
1	01	400,00	20,0	400,00	20,0%	A
2	02	350,00	17,5	750,00	37,5%	A
3	03	300,00	15,0	1.050,00	52,5%	A
4	04	250,00	12,5	1.300,00	65,0%	A
5	05	200,00	10,0	1.500,00	75,0%	A
6	06	150,00	7,5	1.650,00	82,5%	B
7	07	120,00	6,0	1.770,00	88,5%	B
8	08	100,00	5,0	1.870,00	93,5%	B
9	09	80,00	4,0	1.950,00	97,5%	C
10	10	50,00	2,5	2.000,00	100,0%	
Totais		2.000,00	100%	2.000,00	100%	

75,0% classe A
18,5% classe B
6,5% classe C

Para delimitarmos os percentuais das classes, não existe regra restrita ou fixa, a classificação irá depender da disponibilidade de tempo e da prioridade exigida para se tomar uma decisão; assim o bom senso e a sensibilidade do administrador irão servir como parâmetro para sua decisão. Com isso, podemos comparar valores para que possamos atender melhor o mercado, tomando decisões sobre custos e benefícios dos controles de estoque nas empresas, quando nas mesmas o estoque zero for inevitável. O que significa que o material tem que estar na empresa na quantidade certa e no tempo certo.

3.6 – Rotatividade dos Estoques

IR – Índice de rotatividade, que pode ser expresso em tempo ou em valores. Quanto maior for a rotatividade dos materiais em estoque, menor será o investimento em capital.

Cálculo do IR relacionado com o tempo:

$$IR = \frac{\text{quantidade das vendas anuais}}{\text{estoque atual}}$$

Exemplo: uma empresa vendeu durante o ano 12.000 unidades e o seu estoque atual é de 3.000 unidades.Com base no exposto, qual seria seu **IR**?Ou seja, o número de vezes que este estoque girou durante o ano? Assim, teríamos: 12.000/3000 = 4 vezes.

12.000 : 12 meses = 1000 unidades mês
Mas quantos meses o estoque atual resistiria para atender à demanda? Baseado no exemplo acima, podemos calcular o tempo de resistência do estoque.

Cálculo:
N/meses
Q/vezes

12 meses: 4 = 3, ou seja, o estoque atual daria para suportar 3 meses de produção. Ou, se por exemplo, uma empresa tem um estoque médio de 3.000 unidades e é consumido a uma média de 2000 unidades, o estoque médio mantido daria para suportar.

$$\frac{E_M}{C_M} \frac{3.000}{2.000} = 1.5 \, meses$$

Ou seja, 3.000 unidades dariam para atender a uma demanda de 1,5 meses.

2.000 : 30 = 66,6 unidades; ora, se 1,5 = 45 dias (45x6,66) = 2,997 unidades.

Se fosse ao contrário, ou seja, estoque médio de 2.000 unidades e um consumo de

3.000 unidades, como ficaria?

Em $\dfrac{2.000}{3.000}$ = 0.66 meses

0,66 x 30 dias = 19,99 ou 20 dias

O estoque daria para suprir a demanda de 20 dias; 3.000 : 30 dias = 100 unidades/dias, assim, 20 dias x 100 unidades = 2.000 unidades. Utilizando o mesmo raciocínio, porém utilizando valores, podemos exemplificar da seguinte maneira: uma empresa vendeu durante o ano R$ 120.000,00 reais, seu custo anual de vendas foi de R$ 78.000,00, seu lucro foi de 42.000,00 e seu investimento em estoque foi de R$ 24.000,00. Assim, qual seria a rotatividade de seu estoque? Fórmula: custo de venda, dividido pelo estoque atual, ou seja:
Rotatividade = R$ 120.000,00/24.000,00 = 5 vezes, girou o estoque no almoxarifado

12 : 5 = 2,4; ou seja, o valor empregado em estoque daria para suportar 2,4 meses ou 72 dias

Assim, 2,4 x 30 dias = 72 dias

3.7 – Alguns Significados sobre Controle de Estoque

- **Estoque:** é uma quantidade de materiais mantida no almoxarifado, para que a empresa possa se proteger das imprevisibilidades, em relação aos possíveis atrasos na entrega das matérias-primas.
- **Ponto de ressuprimento:** é uma quantidade predeterminada de materiais que, ao ser consumida em um determinado período de tempo, dá origem a uma solicitação de compras.
- **Tempo de ressuprimento:** é o intervalo entre o pedido de compra e o recebimento da quantidade de material comprada para renovação do ciclo de produção.
- **Estoque de segurança:** é uma quantidade mínima de materiais mantida em estoque, para suprir uma eventual falta, ou atraso na entrega do mesmo.
- Índice de rotatividade: significa a quantidade de vezes que o material entrou e saiu do estoque, para a produção ou para venda.

- **Estoque médio:** é uma parte do material que não foi consumida ou movimentada em um determinado período de tempo.
- **Retorno de capital:** é uma estratégia financeira que visa diminuir o volume de dinheiro aplicado em estoque.

Parte Quatro:

Inventário Físico de Materiais

4.1 – Conceitos, Finalidades e Abrangência dos Inventários Físicos de Materiais

O inventário de materiais significa o cadastramento e o controle físico de máquinas e equipamentos. Ou melhor, é o levantamento individualizado *in loco*, visando à contagem, conferência e avaliação, em compatibilidade com os registros já existentes nos sistemas de controles do almoxarifado.

I – Finalidade do inventário

A finalidade do inventário é estabelecer certos critérios que possam servir como métodos facilitadores para localização, identificação, cadastramento, controle físico e contábil de todos os bens patrimoniais da empresa inventariada.

II – Abrangência do inventário

A identificação, a localização e o controle dos materiais devem ser aplicados a todos os setores e a todos os equipamentos da empresa. Quando nos referimos à área de abrangência do inventário, isso significa dizer que nenhum bem material deverá ficar fora da identificação e controle do inventariante. Exemplo: os móveis e utensílios, veículos, máquinas e equipamentos, instrumentos, ou seja, tudo aquilo que se caracteriza pela sua mobilidade ou facilidade de remoção, bem como, pelo ciclo de sua vida útil no decorrer do tempo em que esse bem está sendo utilizado dentro da empresa. O registro contábil dos materiais é feito nas contas do ativo permanente e de acordo com cada tipo de bem e suas siglas associadas ao mesmo, como:

- Máquinas e equipamentos – ME
- Móveis e utensílios – MU
- Veículos – VE
- Equipamentos de informática – EI
- Equipamentos de comunicação – EC
- Equipamentos de manutenção – EM
- Etc.

O inventário físico deve ser flexível e muito bem elaborado, para possibilitar os ajustes e as inserções necessárias fisicamente e no sistema de controle, em decorrência de:

- Adição por compra ou outra forma de aquisição;
- Adição por inventário;
- Manutenção do cadastro (correção ou atualização);
- Ociosidade (equipamentos sem uso no local).

Enquanto que as baixas das mercadorias ou produtos são motivadas por:

- Alienação: venda a terceiros, furto ou roubo;
- Extravio: desaparecimento dentro da empresa;
- Sucateamento: sem condições de uso;
- Destruição ou sinistro: danificado ou destruído em consequência de alguma catástrofe ou
- acidente natural;
- Transferência de um setor para outro;
- Entre outros.

4.2 – Princípios Básicos para a Elaboração de um Inventário de Materiais e Patrimônio

- Etiqueta: dispositivo afixado nos bens para identificação e controle dos mesmos.
- Sistema de código de barras: sistema computacional utilizado para levantamento eletrônico dos materiais para fins de controle físico e contábil.
- Levantamento dos bens: tipos de bens, identificação, especificações, contagem física, relação de suas quantidades, e outras informações que se façam necessárias.
- Cadastramento dos bens: codificação dos bens patrimoniais ou materiais, etiquetagem, cadastramento através dos sistemas informatizados, facilitando o gerenciamento e controle de todos os bens da empresa.

Portanto, existe uma variedade muito grande de tipos de inventários de bens patrimoniais, a aplicação de cada tipo vai depender da política adotada pela empresa em relação às questões ou modelos gerenciais previamente definidos. Eles também se diferem dos tipos utilizados para contagem física dos materiais mantidos em estoque no almoxarifado, ou seja: geral, rotativo/cíclico e específico. Com relação ao tempo e suas possíveis movimentações ou alterações, podem ser: inicial, eventual, anual ou de encerramento das atividades da empresa. No entanto, seja qual for o tipo de inventário, o mesmo deve ser levantado através da contagem física e controlado através de fichas específicas de identificação dos bens, devendo estesconter os seguintes: identificação precisa do setor ou departamento inventariado, a data do início do inventário, o número de ordem, o número do inventário, a especificação detalhada dos bens, a quantidade prevista e a quantidade existente, o valor unitário e o valor total de cada item e, finalmente, a assinatura legível do responsável inventariante. Portanto, cabe à comissão de inventário planejar antecipadamente um roteiro para a execução do levantamento e cadastramento dos bens a serem inventariados.

- **Inventário inicial**

É quando surge a necessidade da empresa em conhecer a quantidade de bens em uso, em decorrência dos vários recebimentos, compras, transferências ou qualquer tipo de entrada de bens durante os primeiros anos de funcionamento da empresa e, por força das circunstâncias, os mesmos vão se acumulando no decorrer do tempo de existência da empresa, precisando ser controlados a partir um dado momento.

- **Inventário eventual**

O inventário eventual, como o próprio nome já define a sua natureza, poderá ser realizado sempre que houver mudanças significativas que ponha em dúvida a veracidade do seu conteúdo, ou por mudança de responsabilidade por qualquer motivo, inclusive em caso de substituição do responsável pelos inventários anteriores.

- **Inventário anual**

Como o nome já define o seu conceito, é o levantamento e a relação dos bens e mercadorias, o que deve ser realizado sempre no inicio de cada exercício.

- **Inventário de encerramento**

Este tipo de inventário ocorre sempre que uma unidade de produção for extinta, independentemente dos motivos ou razões, bem como na necessidade de transferência de bens ou mercadorias de uma unidade para outras, mesmo que seja dentro da própria empresa.

Existem dois momentos distintos para a obtenção dos bens ou recursos materiais e patrimoniais. O primeiro é através de projetos previamente elaborados com a finalidade de atender as necessidades mínimas de produção no inicio do empreendimento; as etapas seguintes vão surgindo de acordo com o processo de crescimento e inovação da empresa, o que pode acontecer através do espírito empreendedor de seu gestor, por pressão do mercado ou até mesmo dos concorrentes. Como podemos observar, a gestão patrimonial é uma das áreas de maior importância dentro da empresa. Sendo assim, devemos zelar por esses patrimônios, pois deles depende a empresa no seu processo de desenvolvimento econômico.

4.3 — Controle de Materiais e Patrimônio através de Códigos

- **Codificação de materiais**

A codificação de materiais é um processo que permite a padronização do controle e a facilitação do manuseio físico dos materiais dentro e fora da organização, bem como o seu sistema de armazenagem, distribuição e venda. Portanto, as organizações utilizam o sistema de codificação dos materiais. Quando a empresa é de pequeno porte, o controle de seus materiais não representa um processo de controle complexo, podendo ser controlado através de fichas e outros sistemas mais simplificados. No entanto, quando se trata de um sistema complexo, envolvendo grandes quantidades de materiais ou a quantidade de itens é muito grande, torna-se quase impossível a sua identificação em toda a sua totalidade, principalmente em relação aos nomes, marcas, tamanhos, modelos, medidas etc. Assim, para facilitar o trabalho da administração dos recursos materiais, os mesmos devem ser classificados dentro de uma lógica ou de uma racionalidade em relação a todos os materiais que compõem o estoque da empresa.

- **Etapas da classificação:**

Com base em Chiavenato (1991, p.129-130), existe um princípio básico, ouprocedimentos, para a realização do processo de codificação dos materiais, como:

1) Catalogação: significa o arrolamento de todos os itens existentes de modo a não omitir nenhum deles. A catalogação permite a apresentação conjunta de todos os itens, proporcionando uma ideia geral de coleção.

2) Simplificação: significa a redação de grande diversidade de itens empregados para uma mesma finalidade. Quando existem duas ou mais peças para um mesmo fim, recomenda-se a simplificação, ou seja, escolhe pelo o uso de apenas uma delas.

3) Especificação: significa a descrição de um item, como suas medidas, formato, tamanho, peso etc. Quanto maior a especificação mais informações sobre o item e menos dúvidas se terá a respeito de sua composição e características. A especificação facilita as compras do item, pois permite dar ao fornecedor uma ideia precisa do material a ser comprado. Facilitando também a inspeção do material na hora do recebimento.

4) Normalização: significa a maneira pela qual o material deve ser utilizado em suas diversas aplicações. A palavra deriva de normas, que são as prescrições sobre o uso dos materiais

5) Padronização: significa estabelecer idênticos padrões, medidas e formatos para os materiais, de modo que não existam muitas variações entre eles.

A codificação é uma decorrência da classificação dos itens. Codificação significa a apresentação de cada item, através de um código contendo as informações necessárias e suficientes, por meio de números ou letras. Os sistemas de codificação mais utilizados são: o código numérico e alfanumérico.

Sistema alfanumérico:

É uma combinação de letras e números, e abrange um maior número de itens. As letras representam a classe do material e seu grupo naquela classe, enquanto os números representam o código indicador do item. No entanto, atualmente, o sistema mais utilizado é o sistema numérico, por ser de fácil memorização.

O sistema numérico é o mais utilizado pelas empresas pela sua simplicidade, facilidade de informações. É comumente denominado de sistema decimal, porque as informações básicas são fornecidas por meio de vários conjuntos de dois números. A primeira dezena, isto é, o primeiro par de números – classifica os principais grupos de materiais, a saber:

Exemplo:
Suponhamos que uma empresa utilize a seguinte classificação para especificar os diversos tipos de materiais em estoque:

- Matéria-prima;
- Materiais de manutenção
- Produtos acabados;
- Material de escritório;
- Material de limpeza.

Como podemos perceber, os materiais acima estão relacionados dentro de uma classificação generalizada e de acordo com suas características de uso, pelo menos como nós os conhecemos. Assim, cada material que compõe a classificação geral é submetido a uma nova classificação que o individualiza perante os demais. Para um melhor entendimento, vamos exemplificar: tomemos o título **04** – materiais de escritório, da classificação geral. No entanto, existem vários tipos de materiais de escritório, ou seja:

04–Material de escritório
Canetas esferográficas
Réguas
Resmas de papel oficio
etc.

Após a classificação individualizadora, devemos realizar uma nova classificação, que é denominada de classificação definidora, que seria o código **02** caneta esferográfica:

02– canetas esferográficas
marca bic, escrita fina, cor vermelha
marca beta, escrita fina, cor azul

Sendo assim, toda vez que precisarmos identificar qualquer material, basta que informemos os números das três classificações, que obedecem à seguinte ordem:

- Código da classificação geral;
- Código da classificação individualizadora;
- Código da classificação definidora.

Por exemplo, quando quisermos referir-nos a "caneta esferográfica, marca bic, escrita fina, cor vermelha", basta que tomemos os números: 05 da classificação geral; 02 da classificação individualizadora; e 003 da classificação definidora, e escrevemos:

04 - 02– 003; e assim, sucessivamente.

Portanto, a terceira dezena representa a codificação definidora. Assim, de acordo com a figura abaixo:

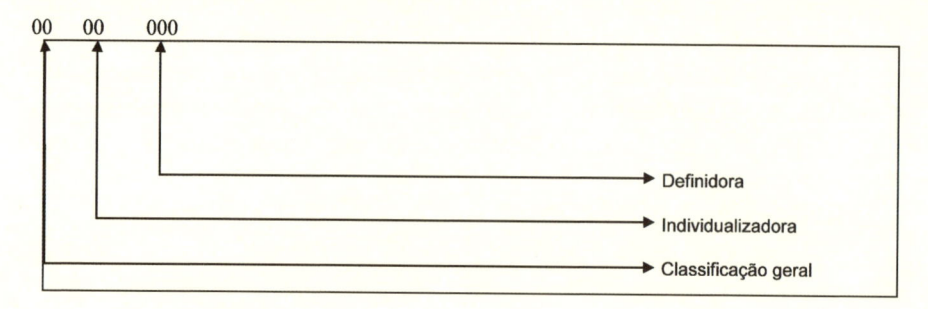

```
00   00    000
 │    │     │
 │    │     └──────────────▶ Definidora
 │    └─────────────────────▶ Individualizadora
 └──────────────────────────▶ Classificação geral
```

Parte Cinco:

Códigos de Barras

Código de Barras para o Varejo

5.1 – Conceitos, Finalidades e Benefícios dos Códigos de Barras

O código de barras é uma representação gráfica de dados numéricos ou alfanumérico, muito utilizados pelas empresas atacadistas e varejistas, a decodificação ou a identificação do produto é realizada por meio de raios vermelhos quando em contato com as barras. A representação dos dígitos vai depender do tipo de sistema utilizado.

O código de barras é considerado um sistema logístico, uma vez que sua principal finalidade é agilizar, através da leitura ótica, os procedimentos de inventários e conferência dos bens existentes, sendo bastante difundido em outras atividades comerciais, fazendo com que os dados do computador sejam alimentados na execução de determinadas tarefas sem a necessidade de digitação. Portanto, as vantagens da utilização do código de barras estão diretamente relacionas com suas diversas aplicações, bem como, as facilidades incorporadas nos sistemas informatizados. Os benefícios gerados pelo código de barras podem ser diretos e indiretos:

Benefícios diretos:

- Entrada rápida de dados;
- Marcação individualizada do produto;
- Eliminação de erros na transposição de dados;
- Eliminação da digitação ou escrita manual;
- Diminuição da responsabilidade dos operados;
- Aumento da eficiência e da qualidade no atendimento;
- E outros.

Benefícios indiretos:

- Entrada de dados automatizada;
- Integração do sistema através do código de barras.

De acordo com STSPrint, existem vários tipos de códigos de barras, levando-se em conta as suas características visuais, como: formato, comprimento, quantidade e espessura das barrasetc.

Os Padrões dos Códigos de Barras

|||||||||||| 1234567890
Código de barras 39 – Alfanumérico

Aplicação: utilizado para impressão de crachás, A.R. do Correios, etiquetas que utilizam o MS-Word etc.

|||||||||||| 0978134578P74
Código de barras 2 de 5 intercalado

Aplicação: pode ser usado em fichas de compensação bancária (boletos);contas de água, luz, gás, telefone, IPTU etc.

Código de barras 128 (128ª – 128B e 128C)

Aplicação: pode ser utilizado em nota fiscal eletrônica, CIF, Correios etc.

Código de barras CODABAR

Aplicação: o código de barras Codabar é frequentemente utilizado em bibliotecas, banco de sangue e em encomendas aéreas.

No entanto, existem outros códigos de barras que não são muito utilizados, principalmente no Brasil, diferentemente do Código de Barras EAN-13/8, muito utilizado no comércio varejista.

Conhecendo o Código EAN-13/8

O código EAN-13/8 é utilizado para especificar uma sequência numérica em produtos que são colocados no varejo, como por exemplo as latas de extrato de tomate, que são comercializadas em qualquer supermercado do Brasil. O Código EAN-8 funciona da mesma maneira, porém, serve especificamente para produtos de corpo físico menor, como por exemplo os pequenos frascos de remédios.

Composição Numérica do Código de Barras EAN-13

Veja abaixo como se dá a composição do código EAN-13:

7895800304211

5.2 – Tabela Para Montagem do Código de Barras EAN-13/8

- Os três primeiros dígitos tratam-se do código do país, onde, no exemplo apresentado acima, o código "789" representa o Brasil.
- Os próximos quatro a seis dígitos são fornecidos pela EAN-Brasil (www.eanbrasil.org.br), os quais tratam de uma sequência específica do seu produto.
- Logo em seguida, são especificados de três a cinco dígitos (dependendo da quantidade anterior), cuja ordem poderá ser elaborada pela empresa, para a identificação de locais, setores e processos a serem seguidos.
- O último número especificado trata-se do dígito verificador, o qual é necessário para possibilitar a leitura do código de barras já montado.

Parte Seis:

Depreciação de Bens Patrimoniais

6.1 – Conceito e Importância da Depreciação dos Bens Patrimoniais

A depreciação de qualquer bem patrimonial é uma norma legal muito utilizada pelas empresas através do seu controle contábil, que serve como base de cálculo para o imposto de renda. Portanto, depreciação é a diminuição do valor de um bem, em decorrência dos desgastes dos mesmos, que tanto pode ser pelo o uso e pela ação do próprio tempo, como também por sua obsolescência. A depreciação pode ser realizada através de registros periódicos também denominados de depreciação acumulada.

Como podemos observar, os bens patrimoniais têm uma importância maior do que os bens materiais normais, como: matéria-prima, materiais de manutenção ou de expediente. etc. Portanto, esses bens merecem maior atenção e cuidados, o que obriga o gerente da área de materiais, ter além do conhecimento daquilo que ele está adquirindo, uma visão sistêmica de todo processo, que envolve os bens patrimoniais, principalmente máquinas e equipamento, veículos, etc. inclusive controlar a vida útil e suas depreciações.

Considerando um bem patrimonial como um veículo, cujo valor totaliza R$30.000,00 e sua depreciação prevista é de 20% ao ano. Desse modo, teremos no final do exercício:

- Despesas com Depreciação de Veículos
- A Depreciação Acumulada de Veículos

Histórico: Depreciação anual do veículo ano, placa, modelo etc. em operação a taxa de 20%..R$ 6.000,00

6.2 – Critérios para Determinação do Tempo de Vida Útil de um Bem Patrimonial

Os critérios mais utilizados na determinação do tempo, está relacionado com a estimativa do fabricante, com base em lados técnicos de instituições oficiais, ou ato oficial. Geralmente a Receita Federal utiliza o sistema de depreciação linear, ou seja, o item é depreciado em partes iguais, como no exemplo citado por Pozo (2001,p.97):

- Ferramentas manuais – 2 anos, 50% ao ano,
- Máquinas – 5 anos, 20% ao ano;
- Móveis e Utensílios - 10 anos, 10% ao ano.
- Edifícios – 20 anos, 5% ao ano

No entanto, as empresas não são obrigadas a seguir a risca as normas da legislação, podendo utilizar tempos diferentes de depreciação, desde que seja justificado e comprovado à necessidade de mudanças e sua nova adequação, que pode está relacionado ao tempo de uso do equipamento além do seu tempo normal. Portanto, para se calcular a depreciação de um bem durante umperíodo de cinco anos, podemos utilizar a fórmula:

$D = (Vi - Vr) : Vu$

Onde:

D = Depreciação anual
Vi = Valor inicial do bem
Vr = Valor residual do bem
Vu = Vida útil do bem

Exemplo: Uma máquina foi comprada pelo valor de R$ 50.000,00 e será depreciada em 5 anos (vida útil do bem), sabendo-se que o seu valor residual é de R$10.000,00 Para calcular a depreciação, teremos:

D = (50.000,00 − 10.000,00) : 5 anos
D = 40.000,00 : 5 anos
D = 8.000,00

Tabela 2

Ano	Depreciação	Depreciação Acumulada	Valor Residual
1	8.000,00	8.000,00	42.000,00
2	8.000,00	16.000,00	34.000,00
3	8.000,00	24.000,00	26.000,00
4	8.000,00	32.000.00	18.000,00
5	8.000,00	**40.000,00**	**10.000,00**

Como visto, o gestor de materiais deve tomar uma posição criteriosa em relação aos bens patrimoniais. Sabemos que esses bens envolvem custos elevados sobre o capital imobilizado, as vantagens competitivas estão diretamente relacionadacom a otimização dos estoques, através do índice de rotatividade, sistemas de armazenamentos, ponto de distribuição, agilidade no atendimento de mercado e a plena satisfação do cliente. A produtividade da empresa está pautada na previsão de consumo e demanda, no planejamento da produção, no processo de distribuição e na logística de movimentação, para que se possa estabeleça as estimativas futuras dos produtos comercializados pela empresa, ou seja, se estabelece através das vendas passadas, quais e quanto desses produtos serão comprados pelos clientes, no futuro.

Parte Sete:

A Logística da Produção

7.1 – A Diferença entre Produtos e Serviços

Serviço: é uma forma de trabalho que uma pessoa realiza em benefício de outra – o pedreiro, o mecânico, o servente, o garçom, o balconista, o médico, o advogado, e outros. Os serviços nemsempre são tangíveis ou visíveis, não têm cor, cheiro ou forma como os produtos. Os serviços são atividades especializadas que as empresas ou profissionais liberais oferecem ao mercado, podendo assumir diversas características em relação à sua natureza; é o caso da propaganda, das empresas de consultorias, dos bancos, das universidades, dos hospitais, dos transportes, dos supermercados, das comunicações, tele-comunicaçõesetc. No entanto, as empresas prestadoras de serviços dependem dos produtos que são fabricados por outras empresas para realizar suas atividades.

Como o serviço é um ato essencialmente intangível, fica um tanto complicado determinar a sua mensuração. Portanto, ao contrário dos produtos, a mensuração do serviço só é possível no final da prestação do mesmo, ou seja, só os seus resultados podem ser avaliados, vistos, tocados ou percebidos, que podem ser aprovados ou não.Tudo é uma questão de ponto de vista, o que vai depender da exigência de um e da capacidade profissional de quem está produzindo, bem como de alguns acontecimentos e influências que podem ocorrer no decorrer da prestação dos serviços.

Os serviços geralmente são produzidos, vendidos e consumidos imediatamente pelo cliente; sendo assim, além de sua participação direta na produção, na adaptação ou correção, ele ainda contribui com sugestões para futuras melhorias dos serviços.

Portanto, já sabemos que os serviços não podem ser estocados para vendas ou uso futuro: os serviços só poderão ser consumidos no decorrer do tempo de sua produção, o que significa que os serviços estão relacionados com o tempo de consumo, isto é, ele só existe no período estipulado ou estabelecidos pelos seus executores, ou pelas prestadoras dos mesmos. Após este período, eles são encerrados, não existem mais, ficando apenas os seus resultados materiais ou intelectuais (conhecimentos adquiridos). Em resumo: os serviços são experiências vividas pelos consumidores, e produtos são coisas que podem ser possuídas e utilizadas pelos mesmos. Existem também outros aspectos que devem ser analisados. Um aspecto importante está relacionado com a presença do cliente como participante do processo. O cliente é o elemento que, de alguma forma, inicia e define como deve ser a operação, muitas vezes em termos de tempo e de modo (maneira de como este será realizado), isto é, existe a produção normal e o fato modificador que poderá ou não acontecer, vai depender do ponto de vista de ambos.

7.2 – Os Serviços como Atividades de Apoio

Os serviços não podem existir separadamente dos produtos e viceversa;eles são considerados partes integrantes entre si (dependência obrigatória), mas existem alguns produtos em que os serviços vão além do contexto normal da simples relatividade, como é o caso da máquina de lavar, fogão, geladeira ou automóveis, e que não devem ser vendidos separados dos serviços, pois são serviços que não são consumidos de imediato, tornando de estrema necessidade a presença destes em toda a sua vida útil, mesmo que eles não sejam utilizados. Têm uma representatividade importante para o seu adquirente, em termos de menor preocupação e maior tranquilidade no uso de seus bens ou serviços (garantias).

7.3 – Serviços como Centro de Lucratividade

Muitas das atividades de serviços em um determinado período passam a exercer posições de destaque dentro da empresa de manufatura, se desenvolvendo e se sobressaindo de tal maneira que ultrapassam a mera função de apoio, passando a constituir "centros de lucratividade", inclusive, em alguns casos, gerando até unidades próprias de negócios, separando-as das atividades normais da empresa, como é o caso do crediário, entrega, consertos, manutenções, assistência técnica etc. Esta tendência é de certo modo justificada pela necessidade que têm os serviços de um foco diferenciado dos produtos. Nas empresas prestadoras de serviços, a qualificação da mão de obra é sem dúvida o recurso principal e determinante para eficiência e a eficácia dos mesmos, conforme figuras **2, 3 e 4**.

Processos baseados nas pessoas (serviços personalizados):

Consultoria ;
Serviço médico;
Assistência técnica;
Mecânicos;
Pedreiros; e outros.

Processos baseados em equipamentos (sem a presença do cliente)– são os chamados serviços de massas, como:

Transporte urbano;
Cartão de crédito;
Telecomunicações; e outras.
®

7.4 – Características dos Serviços

Os serviços têm quatro características fundamentais que devem ser observadas pelas empresas ou pessoas que atuam na área (prestação de serviços):

- Intangibilidade: isso significa que os serviços não podem ser vistos e nem tocados.
- Inseparabilidade: o cliente e o fornecedor são partes integrantes da produção dos serviços, logo, eles podem alterá-los de acordo com as suas necessidades, acordos ou conveniências.
- Perecibilidade: significa que os serviços só poderão ser consumidos no decorrer de sua produção, isto é, eles só existem dentro do tempo estipulado ou adequado a sua produção.
- Variabilidade: os serviços nunca serão iguais em relação às suas características ou apresentação individual, pois, vai depender da qualificação do profissional, da agilidade no atendimento e da percepção do cliente daquilo que está sendo apresentado.

Obs.: Só para relembrar: os produtos são fabricados, codificados, estocados e posteriormente vendidos para os clientes, enquanto que os serviços são primeiramente vendidos e só depois são produzidos e consumidos ao mesmo tempo pelos clientes.

7.5 – A Classificação das Operações de Serviços e suas Dimensões

O foco dos serviços está voltado para pessoas e equipamentos, levando-se em conta aquantidade de serviços prestados e a quantidade de pessoas envolvidos no processo. O grau da necessidade de contato com essas pessoas, ou clientes, é que vai determinar a justificativa para a personalização ou não dos serviços. Todas as empresas desenvolvem algumas atividades produtivas, seja na fabricação do produto ou na prestação dos serviços, sendo estas atividades oferecidas no mercado de consumo, em troca de uma remuneração. Portanto, segundo Kotler (1998, p.412):"Serviço é qualquer ato ou desempenho que uma parte possa oferecer a outra e que seja essencialmente intangível e não resulte na propriedade de nada. Sua produção pode ou não estar vinculada a um produto físico."

Serviços profissionais são aquelas atividades específicas das quais os clientes não dispõem de conhecimentos para se autorrealizaremem suas necessidades e desejos, como no caso dos serviços médicos, de assistência jurídica. Nestes tipos de serviços, o processo de prestação dá ênfase às pessoas que geralmente detêm a capacitação que o cliente deseja, enquanto os equipamentos são utilizados apenas como ferramenta de apoio. Outra característica dos serviços profissionais é o alto grau de contato com o cliente, em geral um requisito para que se consiga a personalização do serviço, ou seja, o atendimento das expectativas específicas de cada cliente. O processo de prestação do serviço é, em geral, de ciclo longo, como em tratamentos médicos, serviços de consultoria ou assistência jurídica, o que resulta num número baixo de clientes processados.

Loja de serviços é o processo intermediário entre os serviços profissionais e os **serviços de massa**. Este processo caracteriza-se por um volume maior de clientes processados em um determinado período de tempo, que pode ser por dia, mês, temporadasetc.É o caso dos hotéis, restaurantes, varejo em geral e do atendimento bancário. O atendimento em agências bancárias é, também, um exemplo típico de loja de serviços: os clientes buscam não só boas aplicações para seus recursos, como também um atendimento rápido, cordial e personalizado; o processo está baseado tanto em pessoas (gerentes, caixas, entre outros), como em equipamentos (computadores), sendo o seu grau de contato muito alto, quando do comparecimento do cliente na agência.

Serviço de massa: é um serviço pouco personalizado, com alto grau de padronização de operações. Em geral, a padronização favorece o uso de equipamentos para a produção do serviço, no qual, embora geralmente seja necessária a presença do cliente, o grau de contato é relativamente baixo e impessoal. Exemplos típicos são os transportes urbanos (ônibus), grandes supermercados, serviços de comunicações, telefônicas e transmissão de rádio, televisão etc. Uma administradora de cartão de crédito, por exemplo, tem tipicamente um processo de serviço de massa, pelo menos no que se refere ao serviço básico de utilização do mesmo pelos clientes. Somente quando ocorre um problema com a emissão da fatura, atraso ou lançamentos indevidos ou algo parecido, é que o sistema passa a ter contato direto com os clientes, ou seja, o processo de serviço muda: o grau de contato com o cliente aumenta substancialmente, a ênfase do processo passa a ser direcionada para as pessoas e não para os equipamentos.

Resumo sobre Produtos (Bens + Serviços)

"Produto é qualquer coisa que pode ser oferecida a um mercado para aquisição, atenção, utilização ou consumo e que pode satisfazer um desejo ou necessidade".[3]

---

3 Kotler; Armstrong, 1993.

Classicamente, os produtos eram divididos em três categorias ou grupos:

1. Bens;
2. Serviços;
3. Ideias.

No ano 2000, em seu livro *Administração de Marketing: a Edição do Novo Milênio*, Kotler apresenta a seguinte classificação de produtose serviços:

- Bens físicos: que são os produtos tangíveis, possíveis de serem tocados, sejam eles móveis ou imóveis, como, por exemplo, carros, roupas, casas e apartamentos;
- Serviços: que são os produtos intangíveis, portanto, não podem ser tocados; exemplo: um corte de cabelo, uma aula, uma viagem;
- Pessoas: personalidades ou celebridades, como, por exemplo, a Feiticeira;
- Locais: geralmente cidades, como, por exemplo, São Joaquim, Florianópolis, Cancún ou a Serra do Rio do Rastro;
- Organizações: como o *Greenpeace* ou a Pastoral da Criança;
- Ideias: os direitos autorais de um livro para o cinema, um site na Internet, a Nike e outros tipos de planejamento, ou idealizações que leve o indivíduo à concepção de algo concreto e que aquele possa se beneficiar com o feito. E é através de novas ideias que são desenvolvidos os novos produtos,os quais irão beneficiar os novos clientes. Porém, Segundo Kotler e Armstrong (1999, p.215):

O desenvolvimento de um novo produto começa com a geração de ideias – a busca sistemática de ideias para novos produtos. A empresa tem que gerar muitas ideias até descobrir algumas que valham a pena, e essa busca de ideias deve ser sistemática, e não aleatória. Caso contrário, embora a empresa possa ter muitas ideias, a maior parte não servirá para o seu tipo de negócio.

O que não significa necessariamente que as ideias tenham que ser criadas originalmente de uma fonte única, muito pelo contrário: as ideias podem ser adaptadas das diversas fontes adquiridas através de sugestões de clientes, fornecedores e dos próprios colaboradores da empresa.

Parte Oito:

As Empresas e seus Sistemas Produtivos

Um sistema é um todo integrado composto de partes interdependentes. Como exemplo, pode-se visualizar o sistema solar.

O sistema solar é composto por uma estrela, o sol, e ao redor desta estrela giram os planetas que compõem o sistema solar.

Um sistema empresarial pode ser entendido como uma estrutura de comando, ao centro, e todo um conjunto de atividades administrativas e de produção de bens e serviços que estão colocados ao redor desta estrutura de comando, se relacionando com ela e lhe dando suporte.

O sistema empresarial é um sistema que pode ser chamado de aberto, ou seja, ele se relaciona com outros sistemas que estão no seu exterior, como os sistemas governamentais, os sistemas econômicos, os sistemas naturais, os sistemas sociais (clientes) e com outros sistemas empresariais (fornecedores, concorrentes, distribuidores, varejistas, entre outros).

As empresas, para se desenvolverem em suas atividades, precisam do ambiente externo, do qual ela é dependente e com o qual mantém um relacionamento significativo. Em outras palavras, neste ambiente existe um inter-relacionamento e uma interdependência, ou seja, uma dependência mútua, ou recíproca. Assim, o ambiente de um sistema é constituído por um conjunto de elementos, que, mesmo não pertencendo ao sistema interno da empresa, qualquer alteração nesses elementos pode influenciar e alterar todo o sistema produtivo da empresa, em todos os níveis organizacionais ou departamentais.

Portanto, sistema é um conjunto de partes inter-relacionadas que servem como suporte para que a empresa possa atingir um determinado objetivo. Cada parte desse sistema é composta por um departamento, ou seção, portanto todo sistema é constituído por vários subsistemas, os quais podem receber diferentes designações ou definições, vai depender do que estamos nos referindo em termos de tamanho, representatividade, ou complexidade. No entanto, todo sistema pode fazer parte de uma grandeza maior, denominado de macrossistema como também, pode fazer parte de um sistema menor, que é denominado de microssistema.

Composição de um Macrossistema
(Sistema Externo)
Mercado Externo

Ficando entendido o seguinte: podemos considerar o mercado como um supersistema, que é considerado o todo; e Governo, fornecedor, e os demais componentes, passam a ser os sistemas; e cada componente que integra um sistema menor passa a ser um subsistema. Exemplo: sistema é sempre o objeto que se quer estudar, analisar ou pesquisar; neste caso, é considerado o todo, constituído de várias partes, onde, de acordo, com a situação apresentada, o sistema deixa de ser o todo e passa a ser parte de alguma coisa maior. Sendo que, essa classificação é um tanto genérico, cabendo ao analista de sistema verificar de acordo com suas necessidades, a melhor forma de classificá-los, para melhor **adaptação** ao seu próprio ambiente ocasionado pela dinâmica empresarial e de mercado.

8.1 – Os Componentes de um Sistema de Produção

Todo sistema apresenta os seguintes componentes: entrada, processador, saída e retroação (princípios universal), assim como os princípios administrativos instituídos por Fayol, relacionados com o planejamento, organização, direção e controle, que até hoje são considerados a base das funções administrativas na produção de bens e serviços. Vejamos o que significam cada desses componentes.

- **Entrada:** constitui tudo aquilo que ingressa para dentro do sistema (empresa) e provém do meio ambiente (natureza). As entradas são os insumos que o sistema obtém para poder funcionar. Os principais insumos são: energia elétrica, matérias-primas, informações, ou seja, todo e qualquer recurso que alimente o sistema;
- **Processador:** é um conjunto de ações que o sistema realiza sobre as entradas para poder proporcionar as saídas. O processador é o próprio funcionamento interno do sistema através dos seus subsistemas dentro da relação de interdependência;
- **Saída:** constitui tudo aquilo que sai do ambiente interno para o ambiente externo, ou, os serviços prestados, os lucros das operações, os impostos e taxas, ou seja, tudo aquilo que a empresa oferece, que constitui o resultado de suas operações e que ela oferece ao ambiente, ou seja, são os resultados ou produtos do sistema que são colocados no mercado externo. Exemplos: os produtos acabados.
- **Retroação:** é a influência que sofrem as entradas sobre as saídas do sistema, e que vai permitir o ajuste do sistema. A retroação (*feedback*) ou realimentação é um mecanismo de equilíbrio do

sistema como um todo, o que significa queo sistema deve funcionar dentro de determinado limite. Assim, existem dois tipos de retroação: **negativa** e **positiva**. A retroação **positiva**acelera ou aumenta as entradas para equilibrá-las com as saídas, como é o caso do crescimento ou aquecimento do mercado e do aumento nas vendas. A retroação **negativa** retarda ou diminui as entradas, causando um desequilíbrio com as saídas. É o caso em que as vendas caem e os suprimentos devem ser diminuídos para não haver desperdícios ou capital parado (processo de ajuste).

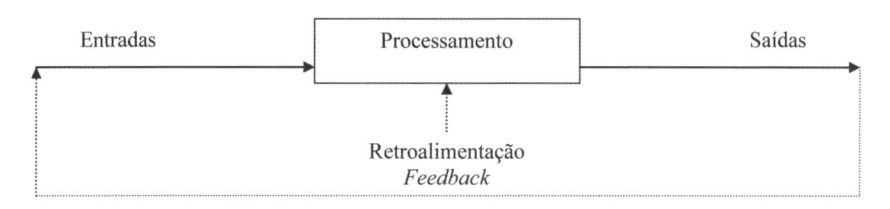

Entradas → Processamento → Saídas

Retroalimentação
Feedback

As empresas, por sua vez, atuam como sistema, obtendo do ambiente externoos recursos necessários para o seu funcionamento, processando-os através de seus subsistemas e devolvendo aesse mesmo ambiente produtos, serviços e benefícios sociais para serem utilizados pelos individuo. Os sistemas podem ser classificados em dois tipos básicos: sistema aberto e sistema fechado.

- **Sistema aberto:** funcionam dentro da relação entre entrada e saída (causa e efeito, ou estímulo e reação) e mantém ligação com o ambiente externo. Sendo, em princípio, suas causas ou reações desconhecidas e indeterminadas, por isso são chamados de sistemas probabilísticos, pois suas relações de entradas e saídas estão sujeitas às probabilidades, e não à certeza, em relação à aceitação dos produtos e serviços pelo mercado consumidor.
- **Sistema fechado**: para alguns autores, o sistema fechado também mantém relações predeterminadas de entradas e saídas (causas e efeitos, ou estímulo e reação) além de manter relações com o ambiente externo. Mas, de acordo com Vidossich (1996, p.277):"[...] é aquele sistema que vive totalmente encerrado em si mesmo. O sistema fechado é somente um conceito teórico, um caso limite, porque na realidade existem somente sistemas abertos em relação a seu meio ambiente."

- Subsistemas de apoio àprodução: a interdependência entre o almoxarifado, a produção e o depósito é estreita, fazendo com que qualquer alteração em um deles provoque influências sobre os demais. Estes três subsistemas compõem o sistema de produção e estão intimamente interrelacionados e são interdependentes, e suasprincipais funções encontram-se abaixo relacionadas:
- **Almoxarifado de matérias-primas e/ou manutenção**

Sua principal função é receber e estocar matérias-primas e outros materiais como forma de garantir o fornecimento destes à produção, ou a manutenção do próprio sistema (materiais de manutenção).

- **Subsistema de produção**

A função principal do chamado subsistema de produção é transformar as matérias-primas em produtos acabados, prontos para o consumo ou para os fins os quais são destinados, ou seja, produtos para consumo próprio ou para uso industrial, podendo ser utilizados na fabricação de novos produtos ou utilizados na manutenção.

- **Depósito de produtos acabados**

A estocagem dos produtos acabados e o fornecimento destes aos clientes constituem a principal função do depósito de produtos acabados. Para que o sistema de produção funcione adequadamente, tornam-se necessário o ajustamento e o balanceamento entre os três subsistemas citados acima.

Para que a produção aconteça, as entradas e insumos provenientes dos fornecedores, que estão no ambiente externo, ingressam no sistema de produção através do almoxarifado de matérias-primas, sendo ali estocados até a sua eventual utilização pela produção. A produção processa e transforma os materiais e matérias-primas em produtos acabados, os quais são estocados no depósito de produtos acabados até sua entrega aos clientes e consumidores. Para que o sistema de produção funcione bem, torna-se necessário ajustar e balancear os três subsistemas entre si. O almoxarifado, a produção e o depósito, ou expedição, devem funcionar dentro do mesmo compasso, obedecendo ao mesmo ritmo, para que possa haver uma harmonia entre quem recebe, quem produz e quem guarda e expede os produtos acabados.

8.2 – As Empresas e seus Fatores da Produção

Toda empresa, para produzir alguma coisa, depende da existência conjunta de pelo menos sete fatores, denominados de fatores da produção, ou seja:

1. Natureza:
É o fator que fornece os insumos à produção, ou seja: fornece a matéria-prima, os materiais etc. É o fator de produção que proporciona as entradas de insumos para que a produção possa ser realizada.

2. Capital:
É o fator que fornece o dinheiro necessário para adquirir os insumos e pagar o pessoal, ou seja, o capital representa o fator de produção que permite os meios para comprar, adquirir e utilizar os demais fatores da produção.

3. Trabalho:
É o fator constituído pela mão de obra existente no ambiente externo (mercado) e que, uma vez requisitada para o ambiente interno (empresas), processam e transformam os insumos através de operações realizadas em equipamentos (máquinas ou ferramentas) em produtos semiacabados ou acabados. É denominada de mãodeobra, porque se refere principalmente ao operário braçal que realiza operações físicas sobre as matérias-primas, com ou sem o uso de máquinas e equipamentos.

4. Informações:
É a designação de um fenômeno existente, analisado em seus múltiplos estágios e em suas diferentes fases de manifestações no tempo e no es-

paço em que ele se encontra, de acordo com as leis do entendimento. Sendo as informações utilizadas como base da comunicação, elas têm como principal objetivo influenciar o processo humano, organizacional e produtivo.

5. Energia:

Sabe-se que toda e qualquer empresa, para desenvolver suas atividades, necessita de algumas fontes de alimentação como suporte capaz de interligar e dinamizar todo o sistema produtivo. No início da Revolução Industrial, já se percebe a introdução de alguns dispositivos que permitiam o aumento da capacidade operacional dos maquinários com o mínimo de interferência humana, o que basicamente teve início com o motor a vapor, que reduziu o custo de produção e revolucionou a indústria e o comércio da época. Hoje, as principais fontes de energia são o petróleo e a eletricidade. Algumas fontes alternativas vêm sendo introduzidas, como é o exemplo do gás natural e da energia solar.

6. Tecnologia:

É o resultado do conhecimento técnico ou das experiências adquiridas pelo indivíduo através dos tempos e *inseridas no processo de transformação de bens de produção ou de* consumo, o que os tornam diferenciados em relação aos seus aspectos físicos, tecnológicos e suas utilidades ou aplicabilidades. Assim, a tecnologia está intimamente ligada aos meios utilizados na execução de tarefas, o que se traduz em iniciativa, inovação e diferenciação no contexto produtivo.

7. Empresa:

É o fator capaz de integrar natureza, capital e trabalho em um conjunto harmonioso que permite que o resultado final alcançado seja maior que a soma aplicada no negócio. A empresa tem um efeito multiplicador, que através dos recursos é capaz de proporcionar um ganho adicional e, depois de deduzidas as despesas, irá representar o lucro do empresário.

8.4 – Os Recursos Empresariais (Recursos Internos)

Após a aquisição dos recursos disponíveis no mercado externo, transferindo-os para o ambiente interno da empresa, esses recursos irão representar de fato os meios pelos quais os empresários irão produzir bens ou serviços de qualidade, podendo assim obter lucro através do seuefeito multiplicador. Os recursos empresariais são os seguintes:

1. Recursos materiais:

São também denominados de recursos físicos, ou seja, são os aspectos físicos que a empresa utiliza para produzir alguma coisa, como: prédios, fábricas, depósitos, máquinas e equipamentos, utensílios, matérias-primas etc. Constituem os recursos do empresário que ultrapassam os recursos externos conceituados de fatores da produção, anteriormente apresentados.

2. Recursos financeiros:

Constituem todos os aspectos relacionados com o dinheiro utilizado pela empresa para financiar suas operações. É mais amplo do que o fator de produção denominado de capital, pois além do capital próprio engloba também toda forma de dinheiro, crédito, herança, financiamento, ou seja, toda espécie de valor monetário que venha a garantir as operações da empresa.

3. Recursos humanos:

São constituídos por toda forma de atividade humana dentro da empresa. Ultrapassa o conceito do fator da produção denominado trabalho, pois enquanto este se refere especificamente à mãodeobra braçal exercida pelo homem no processo produtivo, os recursos humanos referem-se a toda e qualquer atividade, seja ela braçal ou intelectual, abrangendo todos os níveis da organização, ou seja, institucional, intermediários e operacional.

4. Recursos mercadológicos:

São representados por toda atividade voltada para o mercado consumidor da empresa. Esses recursos compreendem todo o esquema de *marketing* ou de comercialização do setor comercial da empresa, como definição de produtos, preços, distribuição, promoção, vendas, assistência técnica etc.

5. Recursos administrativos:

São todos os recursos administrativos e gerenciais, ou seja, todo o esforço de planejamento, organização, direção e controle, desde o nível de diretoria até a gerência das atividades operacionais propriamente ditas.

Os recursos empresariais geralmente são administrados por áreas específicas dentro da organização, denominadas: administração da produção, administração financeira, administração de pessoal, administração de materiais, administração de compras, administração de vendas, administração de *marketing*, administração da qualidade etc. Cada organização as organiza de acordo com suas necessidades (estrutura empresarial).

8.5 – Os Sistemas de Produção (Métodos, Planos e Arranjos Físicos)

Para dar início a qualquer sistema de produção são necessárias as matérias-primas e os componentes que darão origem ao produto final, além dos equipamentos, materiais de suprimento e estrutura necessária, sem esquecer as pessoas que serão envolvidas no processo.

As matérias-primas, os componentes, os insumos e os suprimentos devem ser adquiridos pela organização através do seu sistema de compras.

Compras:
Envolve todo o processo de localização de fornecedores e fontes de suprimentos, aquisição de materiais através de negociações de preço e condições de pagamento, bem como o acompanhamento do processo junto ao fornecedor e o recebimento do material para controlar e garantir o fornecimento de acordo com as especificações solicitadas pela organização.

Produção:
A produção é o processo de transformar as matérias-primas e os componentes em um produto final, que será comercializado pela empresa. Para dar suporte à produção, existem algumas atividades básicas, como o almoxarifado, a manutenção e o depósito de produtos acabados.

Os Modos de Produção

Existem três tipos de modos de produção relacionados com o processo, que significa a denominação atribuída à sequência de operações que são executadas para produzir um determinado bem ou serviço. São eles:

Produção sob encomenda:
É o sistema de produção que se baseia na encomenda ou no pedido de um ou mais bens ou serviços. A organização que utiliza este sistema de produção somente produz após ter recebido o contrato ou encomenda de um determinado bem ou serviço. Primeiramente, a organização oferece o bem ou serviço ao mercado. O recebimento de um pedido ou contrato de compra é que fará com que ela se prepare para produzir. O pedido feito pelo cliente ou o contrato serve de base para a elaboração do plano de produção, ou seja, para o planejamento do trabalho a ser realizado.

O **plano de produção:** o sistema sob encomenda envolve a realização de uma relação de matérias-primas e mãodeobra necessárias para a efetuação da produção dos bens ou serviços encomendados pelo cliente e o detalhamento da sequência operacional das atividades envolvidas no processo de produção. O sistema de produção sob encomenda é utilizado para a produção de navios, geradores e motores de grande porte, aviões, locomotivas, construção civil e industrial, confecções sob medida e outros. A organização somente produz depois de efetuado contrato ou pedido de venda de seus bens ou serviços. É a encomenda ou pedido que vai definir como a produção deverá ser realizada, sendo que o exemplo mais simples de produção sob encomenda é o da oficina ou da produção unitária. O processo de produção é pouco padronizado e pouco automatizado. Cada produto é um produto grande e único, como um navio, um edifício, uma fábrica, uma hidrelétrica etc.

O **arranjo físico** típico do sistema de produção sob encomenda é centrado no produto. Como o produto é de grande porte e de construção relativamente demorada. Todas as máquinas e equipamentos são colocados ao redor do produto e todos os materiais necessários são estocados ou movimentados próximo ao produto.

Produção em lotes

É o sistema de produção utilizado por organizações que produzem quantidade limitada de um determinado tipo de bem ou serviço. Esta quantidade limitada é denominada lote de produção. Cada lote de produção é dimensionado para atender a um determinado volume de vendas previsto para um determinado período de tempo. Cada lote recebe uma identificação, como um número ou código. Além disso, cada lote exige um plano de produção específico.

O **plano de produção** do sistema em lotes é realizado antecipadamente em relação às vendas, ou seja, a organização produz previamente cada lote para aproveitar ao máximo os seus recursos e os coloca à disposição da área de vendas para entregá-los aos clientes, à medida que as vendas são efetuadas.

O **arranjo físico** das organizações que produzem em lote é caracterizado pelo agrupamento de máquinas em baterias do mesmo tipo, sendo que a bateria de máquinas constitui um departamento ou uma seção. Geralmente, são registrados desequilíbrios entre a capacidade de produção dos diferentes departamentos ou seções envolvidos no processo de produção, ou seja, nem sempre as capacidades de produção dos vários departamentos que compõem a organização são equivalentes. Portanto, o plano de produção da organização deve considerar esse desequilíbrio, programando turnos de trabalho diferentes e compensando com horas trabalhadas as diferenças das capacidades de produção dos vários setores ou departamentos envolvidos no processo produtivo.

Produção contínua:

Este sistema de produção é utilizado por empresa que produzem um determinado tipo de produto por um longo tempo e sem modificação no seu processo produtivo. O ritmo de produção é acelerado, e suas operações são executadas sem interrupções ou mudanças, o que possibilita que o sistema possa ser aperfeiçoado continuamente.

O **plano de produção** também deverá ser feito antecipadamente e pode cobrir um período maior de tempo, explorando ao máximo as possibilidades dos recursos existentes na empresa, proporcionando assim condições ideais para a eficiência e a eficácia administrativa.

O **arranjo físico** do processo de produção contínua é caracterizado pela formação das máquinas e equipamentos dentro do ambiente de produção, ou seja, estão geralmente dispostas em formação linear, representando um alto grau de padronização, tanto das máquinas e equipamentos como das matérias-primas. Como o produto é fabricado em grandes quantidades ao longo do tempo, a previsibilidade de produção deve ser feita antes do início de cada um novo produto.

8.6 – O Processo Logístico de Desenvolvimento de um Novo Produto

- **Desenvolvimento do produto:** O processo de desenvolvimento de um produto surge quando existe uma necessidade do mercado consumidor, ou quando alguém tem uma ideia brilhante e resolve botar essa ideia em prática.As ideias podem vir de

várias fontes, como: fornecedores, clientes, pessoal de vendas, baseados nos produto dos concorrentes e outras. No entanto, não basta só ter ideias, é preciso um gerenciamento eficaz no processo de desenvolvimento, pois disso depende o sucesso do produto no mercado.
- **Análise de mercado**: Como ficou evidente, além da ideia, a necessidade dos clientes, um gerenciamento eficaz no processo de desenvolvimento do produto, é preciso fazer um levantamento preciso sobre as reais potencialidades para absorver esse novo produto, em relação a poder aquisitivo, crescimento e desenvolvimento dos pontos de vendas etc.
- **Desenvolvimento de *marketing* e teste de mercado**: Quando as ideias são transformadas em produtos, aumentam substancialmente as responsabilidades do departamento de produção, da engenharia de projetos, do departamento de *marketing* e, principalmente, do setor financeiro, que tem que arcar com os custos e as despesas inerentes do próprio processo de transformação da matéria em produtos acabados.
- **Comercialização:** Como sabemos, nem tudo é tão simples como parece, são poucos os casos em que o produto consegue transpor todas as dificuldades, ou seja, as poucas ideias de produtos que sobrevivem a todos os passos do processo de desenvolvimento estão prontas para serem colocadas no mercado em escala total ou parcial.

8.7 – O Ciclo de Vida de um Produto

Assim como os seres humanos, os produtos têm um ciclo de vida útil, ou um período de duração em um ambiente chamado de mercado consumidor. Assim, a dinâmica do mercado é ocasionada pelas constantes necessidades dos consumidores, bem como pelo constante desenvolvimento tecnológico. Sendo assim, os produtos passam por diferentes estágios de seu ciclo de vida. Portanto, os produtos, a exemplo dos seres vivos, podem ser vistos passando por certos estágios de vida. O ciclo de vida do produto é, portanto, um modelo de estágio, que tem tudo a ver com o seu histórico de vendas e a lucratividade que o mesmo deveria proporcionar à empresa fabricante.

O que podemos afirmar é que os quatro estágios de um produto no mercado são os seguintes: introdução, crescimento, maturidade e declínio. Já no estágio final, as empresas podem tentar estimular a demanda ou podem parar de oferecer o produto.

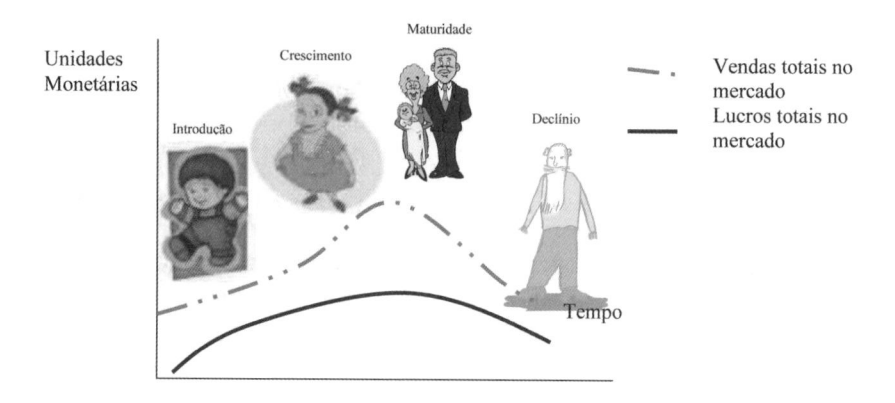

Figura 2– Ciclo de vida do produto.

Como é mostrado na Figura 2, os quatro estágios do ciclo de vida do produto são introdução, crescimento, maturidade e declínio. As duas curvas na figura mostram o padrão de vendas e de lucros ao longo desses estágios. Durante o estágio final, as empresas podem tentar estimular a demanda ou podem parar de oferecer o produto.

Portanto, a interferência acirrada e constante dos concorrentes, faz com que a maioria dos empresários eleve a suas preocupações com as políticas de custos, com o equilíbrio operacional e o retorno do capital empregado no processo de fabricação dos mesmos. Portanto a vida útil de um produto pode ser evidenciada em quatro etapas, como:

1. Introdução:
Nesta fase os custos são relativamente elevados em decorrência dos investimentos em projetos, pesquisa de mercado, *marketing* etc. No entanto, sua lucratividade é mínima em razão do seu baixo volume de vendas.

2. Crescimento:

Nesta fase, o volume de venda aumenta, e os custos começam a ser diluídos ou amortizados, a marca começa a ser conhecida e aceita pelos consumidores, possibilitando até a sua introdução em outros mercados.

3. Maturidade:

Significa um tempo maior de permanência do produto no mercado, o que vai depender do ambiente favorável desse mercado, da capacidade da organização no que diz respeito ao atendimento aos clientes, da manutenção da qualidade etc.

4. Declínio:

É a fase em que o produto começa a apresentar uma significante queda nas vendas, as margens de lucros começam a ser negativas, os investimentos são transferidos para novos produtos, e assim sucessivamente. No entanto, durante o estágio final do produto no mercado, o empresário pode optar em estimular a demanda do mesmo, ou simplesmente abandonar sua fabricação.

8.8 – Planejamento, Execução e Controle Logístico da Produção de Materiais

Independentemente do sistema de produção utilizado pela organização, o processo produtivo constitui sempre uma complexa transformação de matérias-primas e materiais em produtos acabados ou serviços prestados. No entanto, para chegar ao resultado final, os materiais atravessam ou passam por um processo produtivo formado por uma sequência de etapas e por uma série de máquinas, equipamentos e pessoas, cujo objetivo é a transformação de matérias-primas e materiais em produtos e serviços prestados. No entanto, para que aja uma seqüência viável do processo produtivo, é necessário um controle adequado do sistema como um todo, ou seja, **planejamento, execução e controle**. Assim, o planejamento em termos gerais define o que se pretende fazer. A partir daí, executa-seo que se pretende e se compara o que se pretendia (planejamento) e o que foi executado (ação). Em caso de discrepância, tomam-se outras ações corretivas para que se altere o planejamento ou o próprio processo de execução. Desta forma, procura-se manter o equilíbrio da produção e bens de serviços.

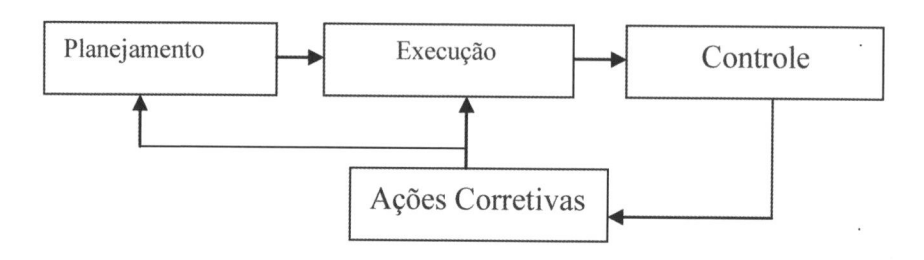

```
┌──────────────┐     ┌──────────────┐     ┌──────────────┐
│ Planejamento │────▶│   Execução   │────▶│   Controle   │
└──────────────┘     └──────────────┘     └──────────────┘
       ▲                    ▲                     │
       │             ┌──────────────┐             │
       └─────────────│ Ações Corretivas │◀────────┘
                     └──────────────┘
```

Portanto, o produto fabricado e o serviço prestado constituem o resultado final de todas as operações que formam o processo produtivo da organização. De acordo com este enfoque, o produto ou o serviço representa o que a organização sabe fazer ou produzir. Mas, evidentemente, como já foi dito anteriormente, produtos e serviços possuem significados diferentes, tanto do ponto de vista do consumidor quanto do produtor. No entanto, na concepção mais ampla do conceito, bens ou produtos são resultados conscientes de determinados processos produtivos, aliado às experiências vividas ou aprendizados técnicos adquiridos através dos tempos pelos indivíduos e inseridos nos bens, produtos e serviços,que vão influenciar e impulsionar o sistema produtivo e o desenvolvimento econômico e cultural da sociedade e das organizações, em um processo contínuo de transformações, principalmente pela utilização das ferramentas ou filosofias que se traduzem em um conjunto de técnicas muito utilizadas nos dias de hoje pelas organizações.

Existem dois tipos de organizações aptas a produzir um produto: as indústrias primárias e as secundárias. As organizações primárias também recebem a denominação de extrativas, pois obtém seus produtos através da ação direta sobre os recursos naturais existentes no planeta, sendo que as matérias-primas utilizadas em seus processos produtivos não são processadas anteriormente e o processo de transformação é realizado após a extração, e geralmente esse processo é realizado pelas empresas secundárias. Este é o caso da indústria da pesca, da agricultura, da mineração, da extração de petróleo, entre outras. As indústrias secundárias são também denominadas indústrias de transformações, devido ao fato de partirem de uma matéria-prima adquirida de terceiros para posteriormente processá-la e transformá-la em produtos acabadose destinados ao mercado de consumo ou ao mercado industrial (bens de produção), que por sua vez produzirão novos produtos. Em outras palavras, os produtos destinados ao mercado de consumo são comumente chamados de bens de consumo, pois são adquiridos pelo consumidor ou clientes, que por sua vez os consome ou utiliza para a satisfação de suas necessidades imediatas, como, por exemplo, os alimentos, remédios, produtos de higiene, entre outros. Os produtos destinados ao mercado industrial são denominados de bens de produção, porque são adquiridos por organizações industriais para que estas possam produzir outros bens, como, por exemplo, máquinas e equipamentos, entre outros.

As organizações produtoras de serviços são, de modo geral, denominadas de organizações prestadoras de serviços, ou terciárias, e que geralmente utilizam os produtos fabricados pelas empresas secundárias para realizarem os seus serviços. Como já foi dito anteriormente, para que haja fabricação de produtos e a produção de serviços, é necessário que a matéria-prima seja processada através das máquinas e equipamentos dentro de um estado em movimento, que através dos vários recursos existentes os insumos são transformados em produtos acabados ou serviços prestados ao longo do tempo em que a empresa permanecer no mercado. Em todos os tipos de organizações, os materiais não permanecem de forma estática ou parada; pelo contrário, seguem um movimento contínuo e incessante que abrange desde o recebimento, passando pelas diversas etapas do processo produtivo, até chegar ao depósito de produtos acabados. Os materiais entram na organização, fluem e transitam através dela, e saem do depósito para a expedição como produtos acabados com destino ao mercado consumidor.

8.9 – Planejamento Logístico do Ponto de Equilíbrio da Produção

Objetivo do método relacionado com a quantidade ideal a ser fabricada para cobrir os custos, consiste em estabelecer uma relação entre custo, receita e quantidades produzidas sobre diferentes alternativas de produção. Assim, costumamos dividir os custos em: custos fixos e custos variáveis.

Custos fixos: são aqueles que não variam em relação à quantidade produzida; já os custos variáveis, como o próprio nome já define, variam de acordo com o número de peças produzidas.

Exemplos de custos fixos: salários – FGTS – INSS – seguros – aluguel – IPTU – outros.
Custos variáveis: matéria-prima – ICMS – fretes – comissão de vendas – energia – mão de obra direta da produção e outros.

Exemplo: uma empresa tem seus custos fixos avaliados em R$100.000,00, e seus custos variáveis em R$5,00 para cada produto fabricado, sendo o seu preço de venda no valor de R$ 10,00. Assim, utilizando uma fórmula simples, podemos determinar a quantidade de produtos que deverá ser fabricados para que seja possível cobrir os custos físicos e os custos variáveis, ou seja: cf: (pv-cvu) = qpe, onde:

cf = custo fixo
pv = preço de venda
cvu = custo variável unitário
qpe = quantidade do ponto de equilíbrio

O ponto de equilíbrio poderá também ser determinado pelo percentual da margem de contribuição. Exemplo: Preço unitário de vendas = 50,00

Custo variável unitário = 35,00
Margem de contribuição: $\frac{50,00-35,00 \times 100}{50,00}$

Percentual da mc = 03 x 100 = 30%
Custo fixo = R$ $\frac{15.000,00}{03}$

Para atender o que a fábrica terá que vender (R$50,000,00) ou R$ 50.000,00 : R$ 50,00 (pv) = 1000 peças.

No entanto, se o gerente de produção optasse em produzir 1700 peças, qual seria o seu lucro?

Fórmula: q . (pv-cv) -cf, ou seja: 1700x15,00 = 25.500,00 - 15.000,00 (cf) = R$ 10.500,00.

Assim, se multiplicarmos 1700 por 50,00 (pv), teremos um faturamento de R$ 85.000,00.

Se multiplicarmos 1700 por 35,00 (cv), teremos um custo de ....R$ 59.500,00
Agregando agora os custos fixos..R$ 15.000,00
Lucro sobre o faturamento ....R$ 10.500,00

8.10 – Custos Associados à Capacidade de Produção

Às vezes, se tornanecessário modificar ou alterar os níveis de produção, Com isso, pode também provocar um aumento dos custos referentes a horasextras, contratações, treinamentos, turnosextras ou outras ações inerentes ao processo de produção. Tais custos podem ser evitados pela produção de itens em períodos de baixa produção, para serem vendidos em períodos de pico. No entanto, existe o risco de nesse período aumentar sensivelmente o estoque, ocasionando um novo problema. Geralmente as deficiências relacionadas com os controles de aquisição e estocagem têm origem específica, como:

- Flexibilização nos prazos de entregas dos produtos acabados, bem como do tempo de recebimento da matéria-prima (tempo de entrega e de reposição);
- Elevadas quantidades de matéria-prima em estoques, enquanto a produção permanece constante;
- Os constantes cancelamentos ou devoluções de produtos vendidos;
- Descontrole na programação e nas quantidades produzidas;
- Paralisação da produção por falta de matéria-prima;
- Espaço físico inadequado ou insuficiente, como suporte ou apoio à produção;
- Grandes quantidades de materiais obsoletos e sem aproveitamento.
- E outros.

A administração central da empresa deverá determinar a gestão de controle de estoque, um planejamento que estabeleça um padrão e que o mesmo sirva de guia para minimizar as diversas deficiências e estabelecer um equilíbrio entre compras, estocagem e produção e vice-versa.

8.11 – Os Principais Elementos de Obstrução da Produtividade:

- Projeto falho;
- Sistemas impróprios;
- Problemas de produção;
- Tempo de preparação para produzir;
- Excesso de equipamentos, mão de obra e estoques.

Os lucros obtidos com a redução do desperdício são, provavelmente, os mais significativos, na medida em que eles se traduzem em benefícios diretos para a base financeira e para a prosperidade da organização (empresa).

Parte Nove:

Noções sobre Qualidade Total

9.1 – Conceito de Qualidade Total

A empresa é uma associação de pessoas que utiliza recursos como: máquinas, energia, matéria-prima e mão de obra especializada para produção de bens e serviços, buscando sempre a satisfação das necessidades e desejos das pessoas, funcionários e clientes. Portanto, a qualidade total depende do planejamento eficaz realizado no âmbito empresarial, ou seja:

- Perfeição nos projetos de fabricação dos produtos;
- Perfeição no atendimento das necessidades dos clientes;
- O respeito ao meio ambiente;
- Assistência compatível com o tipo de produto;
- Baixo custo de produção;
- Entrega no prazo combinado;
- Agregar valor aos produtos e serviços;
- Etc.

A qualidade é que vai determinar o nível de preferência dos clientes em relação aos produtos e serviços oferecidos pela empresa, o que pode perfeitamente ser traduzido em sobrevivência, competitividade e produtividade. O que, de acordo com Paladini (2006, p. 23-24):

- Pode-se considerar que a qualidade seja algo abstrato, visto que nem sempre os clientes definem, concretamente, quais são suas preferências e necessidades;
- Pode-se considerar que a qualidade seja sinônimo de perfeição, da absoluta falta de defeitosno produto ou no serviço prestado;

- Pode-se considerar que a qualidade nunca se altera para certos produtos ou serviços;
- Pode-se considerar que o conceito de qualidade seja um aspecto subjetivo de que ele varia de pessoa para pessoa, em função de especificidades que cada cliente possui;
- Pode-se considerar que qualidade seja capacidade de fabricação, a fim de que um produto ou um serviço seja concretizado exatamente conforme seu projeto;
- Pode-se considerar a qualidade como um requisito mínimo de funcionamento em situações em que os produtos são extremamente simples;
- Pode-se considerar como qualidade a diversidade de opções que um produto ou serviço oferece;
- E, até mesmo, pode-se pensar que a qualidade seja a área com base na qual todo o processo de "produção de qualidade" se desenvolve.

9.2 – Os Princípios Básicos do Planejamento da Qualidade Total

Portanto, o principal objetivo das empresas é produzirprodutos ou serviços que atendam plenamente às necessidades, aos desejos e às expectativas dos consumidores. Para garantir o atendimento de tais expectativas, as empresas buscam a implantação da qualidade total. No entanto, a qualidade total deve ser fundamentada em alguns princípios básicos, como:

- **Foco no cliente** – A empresa deve ser capaz de ouvir e interpretar as necessidades e os desejos dosclientes.
- **Liderança** – Os dirigentes devem ser líderes capazes de garantir a implantação e a continuidade dos programas e a harmonização do processo.
- **Abrangência** – Todos na empresa devem seguir os mesmos princípios e métodos na condução da qualidade total.
- **Participação** – Todos devem participar individualmente ou em conjunto no desenvolvimento de suas atividades de uma forma harmoniosa, buscando sempre a evolução contínua do processo de implantação.
- **Fatos e dados** – Todas as ações executadas devem ser tomadas com base em fatores reais, obtidos através de informações e dados analisados de acordo com cada necessidade.

- **Visão sistêmica** – Todas as pessoas na empresa devem ter conhecimento do "todo", ou seja, saber o que a empresa faz e a importância da sua atividade para o crescimento da organização.
- **Melhoria contínua** – Todos devem ter em mente que sempre há algo a ser melhorado; basta saber inovar para que o processo possa ser otimizado.
- **Qualidade intrínseca** – A qualidade deve ser vista do ponto de vista do cliente, pois o que para uma pessoa pode ser qualidade, para outra pode não ser, depende do ponto de vista de cada indivíduo e do uso que cada um fará do produto.
- **Custo** – Quanto menor for os custos da empresa, menor poderá ser o preço, ou maioresserão as margens de lucro da empresa. Todos na empresa devem ficar atentos aos custos, bem comoà identificação de tudo aquilo que pode ser melhorado para reduzi-lo. A empresa deve atender ou satisfazer o cliente com um menor custo possível. Algumas formas de reduzir os custos podem estar diretamente relacionado com:

  - A satisfação e motivação dos funcionários;
  - Evitar sempre que possível os desperdícios;
  - Organização no local de trabalho, para não desperdiçar tempo na procura de materiais;
  - Fazer certo logo na primeira vez, evitando repetições desnecessárias;
  - Etc

Atendimento – É tudo aquilo que está relacionado com o local de entrega, prazo, quantidade e cortesia e outros. O atendimento determina o tipo de relacionamento que é estabelecido entre a empresa e o cliente.

Moral – Refere-se ao bemestar, à satisfação e à dedicação das pessoas no âmbito daempresa; pode ser um grupo de pessoas de um setor, de um departamento ou de todos os funcionários. Segundo Ribeiro (1994,p. 29), "o moral elevado dos funcionários é a base sem a qual o processo de qualidade não se desenvolve". Isso significa que, com o moral baixo, as pessoas se sentem desmotivadas, tornando frágil a base de sustentação do processo de qualidade total. Com o moral baixo, as pessoas ficam menos atentas, a produtividade cai e podem aumentar os índices de desvio e retrabalhos, impactando diretamente nos custos da empresa.

Segurança – A segurança das pessoas que trabalham na empresa, e de todas as que utilizam os produtos e/ou serviços gerados por ela, é um componente fundamental da qualidade total. Pois, a empresa existe para satisfazer às necessidades dos clientes, dos funcionários, dos consumidores, da comunidade em geral e dela própria. Por isso, é importante que se tenha em mente que a falta de segurança põe em risco estas satisfações.

Esses elementos, quando organizados levando se em conta o seu estado de natureza, formam a base para a implantação da qualidade totalUma definição clara e objetiva de qualidade total é a seguinte: "Qualidade total é o verdadeiro objetivo de qualquer organização humana: satisfação de todas as necessidades de todas as pessoas. TQC então é o controle exercido por todas as pessoas para a satisfação das necessidades de todas as pessoas" (Campos, 1999, p. 15).

Os grandes responsáveis pelo controle da qualidade total e pela sua implantação, são: a direção, os funcionários, os fornecedores, os consumidores, ou seja, todos têm a responsabilidade, de forma a garantir o êxito da implantação e manutenção do controle da qualidade. No entanto, o controle da qualidade total é regido por alguns princípios básicos, que são:

- Produzir produtos e/ou serviços que atendam as necessidades e os desejos dos consumidores;
- Garantir a sobrevivência da empresa através do lucro contínuo adquirido pelo domínio das técnicas da qualidade;
- Identificar o problema mais crítico e solucioná-lo o mais rápido possível;
- Tomar decisões em cima de fatos e dados concretos e não com base em experiência;
- Gerenciar a empresa ao longo do processo e não apenas pelos resultados finais;
- Não admitir a venda e nem a compra de produtos defeituosos;
- Não admitir que o mesmo problema se repita pela mesma causa;
- Dentre outras.

Todo o trabalho de gerenciamento da rotina que visa a garantir a manutenção do controle da qualidade total está diretamente relacionado com o estabelecimento, manutenção e melhoria dos padrões, pois o processo deve ser todo padronizado e esses padrões devem ser obedecidos por todos. A padronização de um processo visa a garantir a uniformização do trabalho, e essa padronização deve ser feita sob princípios firmes para produzir os efeitos esperados. Mas a existência de padrões ou normas só tem valor se forem implementados e seguidos por todos os envolvidos. O padrão pode ser descrito como um modelo a ser seguido para conduzir a repetição com a menor perda possível de resultados. As principais vantagens dos padrões são:

- Economia de tempo e de esforço humano;
- Divisão justa do trabalho;
- Simplificação do trabalho;
- Redução de desperdícios e do desvio dos resultados do trabalho;
- Uniformização dos resultados;

9.2.1 – Conceitos e Diferenciação entre Normalização e Normatização

O sistema normativo pode ser considerado como uma consequência do aprimoramento das técnicas de produção, do "como fazer", de como utilizar adequadamente os recursos disponíveis, trazendo segurança, conforto e satisfação para quem produz e para quem consome. As normas são baseadas em resultados prévia e tecnicamente definidos pelos órgãos normativos, que no Brasil é geralmente estabelecida pela Associação Brasileira de Normas Técnicas (ABNT).

As normas mais conhecidas no meio produtivo relacionado com a cadeia de suprimentosão as ISOs. Como sabemos, para a sociedade de consumo, o mais importante não é a quantidade, mas a qualidade dos produtos e dos serviços. Assim, normalizar,segundo o Dicionário Aurélio, significa tornar algo normal, ou fazer com que ele volte a condição normal, enquanto que normatizar significa o estabelecimento da ordem através das normas, ou seja, é a ação da mudança, do desejo de buscar a melhoria de seus produtos, utilizando os elementos que podem compor o processo da qualidade total.

Assim, fica evidente que o gerenciamento e controle da qualidade dentro das organizações são essenciais para garantir uma maior produtividade e qualidade dos produtos; isso é possível após o entendimento das necessidades dos clientes. Existem algumas ferramentas que podem auxiliar quando da busca da garantia da qualidade e melhorias no processo:

O Ciclo PDCA – *Plan-Do-Check-Art* – de Deming: é uma ferramenta que utiliza uma certa metodologia para melhoria, composta de quatro estágios: planejamento, realização, análise e execução. O PDCA pode ser utilizado para melhorar um processo existente ou para estabelecer um novo processo. Segundo Bertaglia (2003, p. 412): "o foco do ciclo PDCA é na implantação e se baseia na premissa de que toda melhoria se apoia na aplicação do conhecimento". O ciclo PDCA pode ser utilizado nas situações do diaadia (rotina) e nas situações de melhoria, para alcançar os resultados desejados. Sendo que cada fase tem sua função específica:

- Planejamento: é o estabelecimento de metas, a identificação das ações a serem tomadas, definição da sequência, duração e recursos necessários para estas ações. Esta é a fase de identificação do problema e das causas desse problema.
- Realização: é a fase de implementação do plano, onde todos os envolvidos devem ser mantidos informados e as ações devem ser realizadas, ou seja, é onde são colocadas em prática as ações propostas.
- Análise: é onde são comparados os dados coletados, na realização da tarefa com os padrões estabelecidos no planejamento. Se aquilo que havia sido proposto não foi suficiente para bloquear a causa do problema, deve-se voltar para a etapa do planejamento e iniciar o ciclo novamente.
- Executar ações: é quando o plano final é implementado, os procedimentos são padronizados, as pessoas envolvidas são treinadas e motivadas para que possam desempenhar bem as suas atividades na realização dos objetivos organizacionais.

Estas são algumas das ferramentas que podem ser utilizadas, tanto para resolver problemas quanto para implantar novos programas ou sistemas dentro da organização, pois os passos de planejamento, realização, análise e execução precisam ser seguidos para que os resultados ou objetivos esperados sejam alcançados.

9.3 – A Implantação do Programa 5S na Empresa

No Japão, até o começo dos anos 50, após a Segunda Guerra Mundial, o que predominava nas empresas era a sujeira e a desordem, sendo que estes aspectos não eram considerados pelos empresários e administradores como sendo de muita importância, pois o objetivo principal das empresas estava centrado na produção (produzir cada vez mais), deixando a limpeza e a ordem para segundo plano, não tendo a mínima consciência ou percepção dos malefícios que estavam sendo gerados por este estado de coisa, contrariando, assim, o estado de normalidade coerente.

O programa 5S é considerado a base da aplicação da qualidade total; esse programa é baseado na cultura japonesa e adaptado à cultura brasileira, e foi assim chamado porque nele estão contidas cinco palavraschave que, por incrível que pareça, possibilitam o caminho para se chegar à qualidade. Ele é um método integrado por essas cinco atividades, implantadas a partir da mais simples para a mais complexa. Para se chegar à qualidade, precisamos de um esforço conjunto, repensar nossos valores e nossas ações.

Desta forma, criaremos condições para que nossas atividades, dentro e fora do trabalho, sejam cada vez mais seguras, mais precisas, mais produtivas e muito mais agradáveis. Dias (1994, p. 13) diz que "a prática constante dos 5S, seguindo os padrões estabelecidos, constitui a base para o melhor desenvolvimento das atividades no diaadia". Mas, para chegar a um estágio de satisfação, é preciso praticar com muito cuidado cada uma das palavraschave que fazem parte do programa 5S. Para dar início a esta prática é preciso:

- Entender ou dominar o conteúdo;
- Conscientizar-se dos benefícios;
- Desejar colocar em prática, identificando o procedimento;
- Começar, ou seja, dar o 1º passo.

Já HIRANO (1994, p,15) sugere que "antes de iniciarem as atividades dos 5S, a primeira coisa a fazer é tirar fotografias do local de trabalho. Elas serão muito úteis em comparações quando os 5S estiverem em plena atividade". Na prática, o 5S irá refletir em mais qualidade nos produtos, qualidade de trabalho, qualidade de vida. Qualidade dentro e fora da empresa sob vários aspectos.

Seiri ou Seleção

Praticar a seleção é separar as coisas de que se precisa das coisas que atrapalham as atividades, evitando acumular papel velho, ferro velho, ferramentas quebradas, equipamentos fora de uso e todas aquelas coisas que guardamos há muito tempo e que não são necessárias às novas atividades. Isso nada mais é do que diferenciar o útil do inútil e descartar tudo aquilo que não tem utilidade para a realização de suas atividades.

Existem coisas de que precisamos muito para desenvolver nosso trabalho. Existem outras que são menos importantes, até mesmo desnecessárias. É isso que precisamos separar. Existem muitos itens desnecessários em todas as empresas.Entende-se como desnecessário tudo o que não é preciso para a empresa atualmente. Entretanto, é importante lembrar que algumas coisas podem não ser tão necessárias para nós, mas podem ser para outras pessoas. A prática da seleção permite manter ao alcance somente os itens necessários, e essa prática tem alguns benefícios:

- Melhor uso do espaço;
- Menor custo pela redução de itens e menor perda de tempo na busca do que é necessário;
- Aumento das condições de segurança no local de trabalho;
- Eliminação dos itens fora de uso;
- Eliminação de sucata;
- Eliminação de peças que não são mais usadas;
- Eliminação de móveis e objetos que não são necessários para a execução da atividade;
- Conduz a um maior senso de organização e economia, diminui o cansaço físico e facilita sensivelmente o processo de operação.

Um dos cuidados que se deve ter é o de não descartar documentos, ferramentas eequipamentos importantes para a empresa, pois coisas importantes podem ser descartadas durante a seleção e podem fazer falta em outro momento.

Seiton ou Ordenação/Organização

Ordenar ou organizar é colocar as ferramentas, móveis, peças, documentos e tudo mais de que necessita para a execução das atividades no lugar certo, pronto para uso a qualquer momento e por qualquer pessoa. Isso quer dizer que cada coisa deve ter seu lugar definido e após o uso deve retornar para seu lugar. Dias (1994, p. 30) diz que ordenar ou organizar é "saber usar e guardar no mesmo local". A ordenação vem logo após a seleção, uma vez que nesta etapa o que é desnecessário já foi separado do que é necessário, bastando apenas manter tudo o que é utilizado para trabalhar em local adequado. Se o material não estiver em local adequado, há situações em que alguns minutos a mais para procurar o material podem levar a sérios prejuízos ou causar vários problemas para empresa.

A ordenação ou organização é muito importante para a empresa e para a garantia da prática dos 5S, a sua prática proporciona inúmeros benefícios. Quanto mais se pratica a ordenação ou organização, no dia a dia do trabalho, mais são percebidos métodos que facilitam as tarefas e ajudam a realizá-la com qualidade. O resultado será a satisfação de todos. Para colocar em prática a ordenação ou organização devem ser considerados alguns procedimentos:

- Identificar as áreas de estocagem e os itens ou materiais a serem estocados;
- Criar locais padronizados por cor, dimensão ou outras formas, para estocar ou depositar os materiais; há muitos tipos de placas, quadros de sinalização e etiquetas para uso no local de trabalho;
- Criar o hábito de, após o uso, recolocar sempre materiais, ferramentas e equipamentos no local onde são estocados;
- Estocar matérias perecíveis de maneira que o primeiro a ser estocado seja o primeiro a ser utilizado;
- Procurar manter o princípio "um só é melhor", isto é: uma só cor, um só local, uma só dimensão, uma só maneira de executar a mesma atividade (padronização).

O senso de organização é praticado constantemente; nunca se deve esquecer que, após o uso, os materiais deverão retornar aos seus devidos lugares.

Seiso ou Limpeza

Limpar é remover toda a sujeira do local de trabalho, das ferramentas e equipamentos, de maneira que o ambiente fique totalmente limpo. Hirano (1994, p. 23) diz que "o objetivo da limpeza é livrar-se de toda poeira e sujeira e manter o local de trabalho impecável". Praticar a limpeza é limpar tudo que estiver sujo: piso, teto, armários, banheiros, equipamentos e ferramentas; nada deve ser esquecido. As pessoas merecem um ambiente limpo, e é isso que garante a aplicação do senso de limpeza. Cada um deve saber a importância de estar em um ambiente limpo, por que o ambiente limpo está diretamente associado à qualidade, saúde e segurança. O desenvolvimento do senso de limpeza leva a algumas vantagens, como:

- Maior produtividade de pessoas e máquinas, evitando retrabalhos, perdas e danos aos materiais e produtos;
- Facilita a venda ou colocação do produto.

Sujar é um hábito; não sujar, também. Algumas vezes é possível se deparar com situações onde, por praticar um hábito errado, acaba-se não obedecendo ao senso de limpeza, como, por exemplo: apagar um cigarro no chão, com o pé, ao invés de apagá-lo no cinzeiro, ou amassar e jogar folhas de papel que não serão mais usadas em qualquer lugar, ao invés de jogar na lata de lixo apropriada. O hábito de não sujar traz muitos benefícios para as pessoas, fazendo com que todos se sintam mais fortes, e alguns desses benefícios são:

- Aumento das condições de segurança;
- Aumento das condições de saúde;
- Diminuição do risco de incêndio;
- Trabalho mais agradável;
- Descoberta de problemas em equipamentos.

Ficando claro que não basta apenas realizar a limpeza em determinados locais ou equipamentos, além de limpar é necessário também descobrir a causa da sujeira, remover os sintomas na hora e prevenir a repetição. Para esclarecer melhor, segue um exemplo de situação onde, após descobrir que está sujo, busca-se também a fonte da sujeira e a sua eliminação. Para garantir a realização da limpeza, é necessário levantar alguns pontos de verificação, considerados pontos principais, que são eles:

- Definir o que limpar;
- Definir quem é o encarregado de cada tarefa de limpeza;
- Definir os métodos de limpeza;
- Preparar as ferramentas e equipamentos de limpeza;
- Definir a frequência da limpeza;
- Implementar a limpeza.

As responsabilidades são melhores alocadas se o local de trabalho for dividido em pequenas áreas, onde é necessário desenhar o mapa do local de trabalho, dividir o mesmo em pequenas áreas e definir os responsáveis por cada área. Uma forma de dividir ou mapear as áreas de uma empresaédividiras pessoas em grupos, onde cada grupo tenha um responsável para coordenar e orientar o processo de implantação da qualidade através dos 5S.

Seiketsu ou Higiene

O senso de higiene busca criar condições para garantir a saúde física e mental. Praticar a higiene é usar roupas limpas, lavar as mãos antes das refeições, cuidar dos dentes, cuidar das condições físicas, seguir os procedimentos de segurança, verificar todo dia as condições de trabalho e ter atitudes pessoais positivas com você e com os outros. Segundo Dias (1994, p. 58): "diariamente, deve-se criar condições para se estar bem, tanto no que se refere ao corpo, quanto à mente". Assim, o senso de higiene pode trazer vários benefícios:

- Prevenção da doença;
- Aumento das condições de segurança;
- Harmonia do local de trabalho;
- Ambiente mais agradável;
- Elevado nível de satisfação e motivação dos empregados.

Shitsuke ou Disciplina

Ter disciplina, segundo Dias (1994, p. 71), é: "seguir e aperfeiçoar as regras e procedimentos estabelecidos, visando ao constante crescimento profissional e humano". Esse senso de disciplina prega o respeito à hierarquia, à obediência às decisões superiores, às decisões coletivas.

A disciplina tem características próprias da cultura japonesa, que são de difícil implantação na cultura brasileira, principalmente o respeito à hierarquia. No Japão, em uma reunião, sempre falam primeiro os componentes de níveis hierárquicos mais elevados; os de menor nível falam somente se solicitados pelos superiores. É a política do "chefe tem sempre razão". No Brasil, como é difícil implantar tal senso dessa forma, em função da cultura, este é comumente chamado de autodisciplina, quebusca o aperfeiçoamento do ser humano através da conscientização, enfatizando a tomada das decisões coletivas sobre a vontade individual; o respeito às decisões superiores e à hierarquia não é tão rígido quanto no Japão.

Praticar a autodisciplina é ser capaz de realizar e melhorar suas atividades, obedecendo às regras estabelecidas, sem que ninguém precise mandar fazer. Um exemplo disso pode ser o futebol: se às regras não forem obedecidas, o jogo pode ser suspenso ou, então, aquele que não obedeceu pode ser expulso do campo. No local de trabalho, uma das primeiras regras a cumprir é o respeito ao horário estabelecido para a entrada do funcionário na empresa.

No programa 5S, a disciplina é que vai garantir através da obediência aos procedimentos estabelecidos, a prática dos 4S anteriores, ou seja, a disciplina é que permite a continuidade do programa 5S. Dias (1994, p. 73) diz que: "quando se fala em disciplina, deve-se associar a capacidade de manter, cultivar, garantir ou melhorar uma determinada situação ou atitude, através da obediência a um conjunto de regras e procedimentos". O hábito da disciplina leva à satisfação e à melhoria da qualidade pessoal, profissional, do trabalho com a equipe, bem comoao alcance dos objetivos da empresa. Deixando espaço para implantação de novas ferramentas, como: Sistema Kaisen, *Just-In-Time*, Kanban,PPCP, MRP, e outros.

9.4 – Sistema Kaisen

Como vimos, as técnicas utilizadas pela administração japonesa tem uma filosofia que é própria de sua cultura disciplinar. Com o sistema Kaisen não é diferente, uma vez o seu conceito traduz-se em um melhoramento contínuo, ou, melhor dizendo, em um aperfeiçoamento gradativo e constante. Este processo envolve desde a alta direção da empresa até o nível operacional, e consiste na fixação de novas metas, sempre que as metas iniciais forem sendo alcançadas, e assim sucessivamente. O objetivo principal é obter grandes resultados a partir de pequenas melhorias na empresa, geralmente em um curto espaço de tempo.

9.5 – O Método *Just-In-Time* e seus Benefícios

Este método de gerenciamento de processo também foi desenvolvido pelos japoneses, introduzido pela primeira vez no "sistema Toyota de produção" por volta dos anos 70. O *Just-In-Time* é a forma de administrar a produção industrial e seus recursos materiais, onde os mesmos são supridos no tempo certo e na quantidade exata. O que pode incrementar a capacidade disponível em outros investimentos adicionais, como a compra de novos equipamentos, por exemplo. Como podemos observar, este sistema é um pouco mais rígido do que o MRP, pois consiste na redução ou eliminação dos estoques de matéria-prima e peças intermediárias. O JITestá diretamente vinculado ao conceito de melhoria contínuae é, também, um meio de reduzir perdas no espaço de trabalho.

Benefícios Produzidos pelo *Just-In-Time*

- Redução dos níveis de estoques;
- Melhoria no aproveitamento do espaço, uma vez que a distribuição física das máquinas e equipamentos permite uma melhoria no fluxo de pessoas e mercadorias dentro do espaço disponível;
- Redução nos custos com qualidade, o conceito de "defeito zero" gera vantagens competitivas, a imagem da empresa no mercado depende da qualidade inserida em seus produtos.

Resumindo: O JIT se baseia em alguns pontos fundamentais para garantia da qualidade: reduzir os estoques, eliminar os produtos com defeitos, aumentar a produtividade, terminar as tarefas no tempo certo, eliminar perdas de materiais, reduzir o tem de fabricação dos produtos, bem como agregar valor aos mesmos. Dependendo de como o sistema é idealizado, um cartão ou um conjunto de cartões Kanban pode dar início ao processo de compras.

Ou seja, o sistema Kanban funciona como um gerenciador do Just--in-time, através de informações e controle da quantidade de produção em cada processo. O Kanban é um instrumento (cartão, placa etc) que, visualmente, indica ao operador o que fazer, qual a quantidade a ser utilizada em cada célula de produção. O seu início começa namontagem final, onde o operador recebe um cartão de retirada que informa o próximo modelo a ser montado e o que vai ser retirado dos processos anteriores. Assim os operários são informados antecipadamente sobre o que produzirão, por meio dos cartões informativos ou ordem de produção.

9.6 – Planejamento, Programação e Controle da Produção

O PPCP estabelece antecipadamente sobre o que a organização deverá produzir; ao mesmo tempo, monitora e controla o desempenho da produção em relação ao que foi planejado, visando a corrigir eventuais desvios ou erros que possam surgir e interferir no que fora estabelecido pela organização. O PPCP funciona como um centro de informações sobre a produção, recolhendo dados e processando informações (estatísticas, custos, e outras) que servirão para fundamentar as decisões e a coordenação de todos os órgãos relacionados direta ou indiretamente com a produção da organização, conforme segue:

9.7 – Projeto de Produção

O projeto de produção consiste num esquema básico, fundamentado no conhecimento de três aspectos do sistema produtivo. São eles:

- **Máquinas e equipamentos**

A quantidade e as características das máquinas e das baterias de maquinas em cada departamento ou seção, que permite avaliar a capacidade de produção destes.

- **Recursos humanos disponíveis**

A quantidade de recursos humanos disponíveis, ou seja, o efetivo de empregados e cargos ocupados em cada departamento ou seção permite avaliar a capacidade de trabalho dos mesmos.

- **Materiais necessários**

O volume de estoque disponível e procedimentos de requisição de materiais do almoxarifadopermite avaliar a disponibilidade de insumos de produção. O projeto de produção fornece um quadro geral de todo o sistema produtivo da organização, ou melhor, permite mais bem avaliar as condições de produção da mesma, tendo em vista seu potencial produtivo.

- **Coleta de informações**

Tem, como objetivo principal, o detalhamento e a quantificação dos dados obtidos na primeira fase do planejamento, proporcionado subsídios para a montagem de um plano de produção.

- **Planejamento e programação**

O planejamento e a programação da produção têm como principal objetivo, estabelecer antecipadamente o que a organização deverá produzir em um determinado período de tempo, tendo em vista sua capacidade de produção e a previsão de vendas que deve ser atendida. A finalidade principal do controle de produção é acompanhar, avaliar e regular as atividades produtivas, para mantê-las de acordo com o que fora planejado e assegurar que os objetivos propostos pela organização foram atingidos. Cabe ao setor de administração de materiais o controle das disponibilidades e das necessidades dos materiais ao processo de produção da empresa, envolvendo não somente a matéria-prima como também os produtos semiacabados e os acabados, evitando ao máximo a imobilização do capital de giro (recursos dos empresários).

Sabemos que quando as empresa têm estoques elevados, necessários ao atendimento da demanda de mercado, isto pode acarretar na necessidade de um capitalelevado, gerando também um custo elevado. No entanto, um baixo estoque pode acarretar em: atraso na entrega dos produtos, cancelamentos dos pedidos, insatisfação dos clientes e, principalmente,perda dos mesmos, constituindo um tipo de custo difícil de ser contabilizado. Este problema poderá ser resolvido, ou, pelo menos, amenizado em termos de desperdício, capital imobilizado, risco na demanda ou no nível de atendimento, podendo ser utilizado um planejamento direcionado para otimização das necessidades materiais.

9.8 – Sistema de Avaliação das Necessidades de Materiais

MRP (*Material RequerementsPlaninning*) ou planejamento das necessidades materiais

O MRP é um sistema informatizado, tendo seu início nos Estados Unidos, por volta dos anos 70, considerado uma ferramenta eficaz no combate ao desperdício de materiais, isto é, este sistema calcula eficientemente que materiais são necessários e em que quantidade se torna mais econômica para o sistema de produção. No entanto, a utilização deste sistema depende do planejamento e controle de outros elementos considerados de grande importância, como: administração do espaço físico, dos custos, do capital e da mão de obra diretaetc.

Esse processo é uma técnica muito utilizada pelas empresas, que determinam antecipadamente a necessidade de certos produtos, ou seja, o sistema calcula a necessidadeem função de uma determinada demanda, verifica se há material no estoques disponíveis e na quantidade suficiente para suprir a necessidade de produção. Não havendo os materiais suficientes em estoque, o próprio sistema emite o pedido para os itens que serão comprados. Já que o MRP,é utilizado para verificação das demandas futuras e as necessidades reais de materiais. No entanto, deve ser verificado o seguinte:

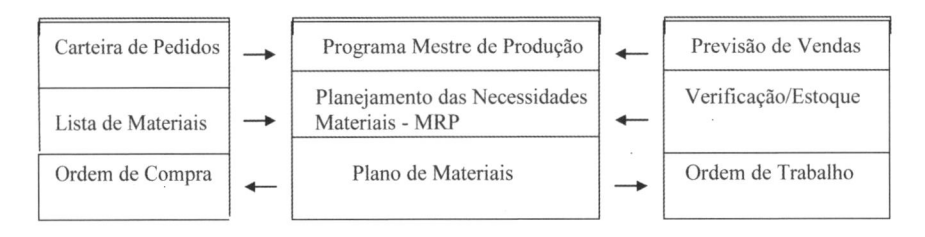

Carteira de Pedidos →	Programa Mestre de Produção	← Previsão de Vendas
Lista de Materiais →	Planejamento das Necessidades Materiais - MRP	← Verificação/Estoque
Ordem de Compra ←	Plano de Materiais	→ Ordem de Trabalho

Assim, podemos definir os objetivos e as vantagens do MRP, como sendo:

Objetivos

- Manter os inventários em níveis mais baixos possíveis;
- Garantir a todo custo a disponibilidade dos materiais e produtos para o atendimento das demandas da produção, vendas e a programação das entregas dos produtos aos clientes.

Vantagens

- Eliminação de inventários;
- Adequação dos processos de montagens;
- Identificação dos problemas nos processos de produção;
- Possibilidades de programar a produção baseada na demanda real ou nas previsões de vendas futuras.

Este método foi muito utilizado no planejamento e controle do dimensionamento das necessidades materiais até os anos 80, quando deixou de ser apenas um processamento local, passando a planejar também a sua distribuição, começando a ser conceituado de MRP II,que atua em áreas como: logística, fabricação, *marketing* e financeira, e sendo responsável pelo desenvolvimento do fluxo e estratégias de estocagem e armazenamento dentro do sistema logístico da organização. A utilização adequada desta ferramenta pode permitir o gerenciamento de todos os recursos disponíveis necessários à fabricação de determinados produtos, bem como ao atendimento dos pedidos relacionados com os mesmos.

Assim, sabendo, por exemplo, que para a fabricação de uma determinada unidade de peça sejam necessárias 5 horasde mãodeobra de preparação e montagem, e 6 horas de utilização de bancada,para atender a uma ordem de produção de 60 unidades, dentro de uma previsão semanal, a produção necessitaria de 60 x 5 = 300 horas de preparação do montador, e de 60 x 6 = 360 horas de bancada de montagem.Se considerarmos que a semana tem 40 horas, então necessitaríamos de 300/40 = 7,5 horas de montadores e 360/40 = 9 horas de bancadas.

Portanto, sabendo das necessidades dos recursos a serem empregados e conhecendo cada valor do custo unitário, torna fácil calcular a quantidade de recursos empregados na produção de determinadas unidades de produtos. Na falta de condições ou disponibilidades, o gerente de produção poderá tomar outras decisões, como negociar os prazos de entrega ou providenciar recursos adicionais para restabelecer a capacidade produtiva. Já para o planejamento de outros recursos, foi introduzido no MRP, outro sistema denominado de CRP (*CapacityRequerementsPlaning*) ou planejamento das necessidades da capacidade produtiva, acrescentando-se aí o SFC (*Shop FloorControl*) ou controle de chão de fábrica, como é conhecido. Neste controle, as atividades relacionadas com a liberação das ordens de produção são acompanhadas e comparadas, ou seja, é verificado se o que foi planejado está de acordo com o que está sendo executado dentro da fábrica.

Como podemos observar,a filosofia do MRP II é praticamente a mesma do MRP, com pequenas alterações. As necessidades de materiais que são definidas no sistema MRP para a cadeia de produção, no MRP II são convertidas em valores monetários, ou seja, as necessidades de compra, previsão da quantidade e custos da mãodeobra, bem como a previsão de gastos para cada departamento, vão permitir que as áreas financeiras e de produção possibilitem que os recursos disponíveis sejam agregados apenas na medida das necessidades de fabricação dos produtos finais. Sendo assim, o prévio conhecimento das saídas de caixas pode possibilitar melhor negociação nas compras, nas vendas, empréstimos bancários, linhas de créditosetc, dentro das previsões e necessidades reais da empresa. Em outras palavras, o MRP II pode ser utilizado como ferramenta estratégica na coordenação dos esforços de compras, produção, finanças, *marketing*, engenharia e recursos humanos, dentro de um planejamento único de suas atividades organizacionais. Resolvidas as questões internas, relacionadas com a cadeia produtiva, restam ainda asdefinições do planejamento da cadeia de distribuição dos produtos acabados.

9.9 – O Planejamento dos Recursos de Distribuição

Os princípios e a lógica do DRP são basicamente os mesmos dos sistemas anteriores, ou seja, os cálculos das quantidades de peças necessárias a fabricação do produto final são definidas e utilizadas no direcionamento do fluxo dos produtos direcionados ao mercado consumidor. O DRP utiliza as previsões de vendas para desenvolver um plano de distribuição a partir das fábricas ou dos pontos de distribuições, de acordo com a política da empresa, ou seja, o que o DRP faz é disponibilizar o inventário para atender as demandas dos diferentes mercados, bem como o dimensionamento dos lotes de embarque, geralmente a partir de lotes pequenos, possibilitando uma frequência em relação ás entregas.

(Retroalimentação)

O bom desempenho na qualidade satisfaz o cliente externo e os colaboradores internos. A qualidade reduz os custos da produção, reduzindo também o tempo necessário para as possíveis correções. Como vimos, a qualidade no sistema organizacional pode ser adquirida através dos diversos modos, utilizando-se dos diversos recursos ou filosofias existentes, desde que isso signifique uma visível melhoria no processo produtivo. No entanto, "qualidade é aquilo que o cliente diz que é". No entanto, embora se trate de uma expressão muito utilizada pelos administradores, ainda não existe uma definição consensual que possa contemplar os diferentes pontos de vistas, pelo menos em toda a sua amplitude. Portanto, os gestores da área de materiais devem ser altamente experientes em suas atividades técnicas/administrativas, bem como contar com uma excelente fonte de informações gerenciais.

Parte Dez:

Sistema de Informações Gerenciais

10.1 – As Informações Gerenciais e as Tomadas de Decisões

Diante das reais necessidades dos dispositivos virtuais, torna-se necessário que as empresas, através dos seus gestores, busquem no ambiente interno e externo informações cada vez mais precisas e confiáveis. Como sabemos, todo sistema gerenciado envolve pessoas, equipamentos e informações, que por sua vez fornecem os dados contidos nas informações e que serão posteriormente analisados em sua essência de acordo com as suas especificidades, sendo que estas novas informações ou novos conhecimentos vão auxiliar o gerente no processo relacionado com as tomadas de decisões

Assim, como podemos perceber, os dados são os elementos contidos nas informações e identificadas em seu estado natural ou em sua forma bruta, e que, por si sós, não traduzem uma compreensão definida de um determinado problema a ser solucionado. Portanto, o administrador deve sempre procurar obter os dados já selecionados e transformados em informações de acordo com os objetivos predefinidos. O que permite aos gestores das empresas, através das informações decodificadas, tomarem uma posição diante da situação ou de um problema apresentado. No entanto, não devemos confundir dados com informação: os dados precisam ser identificados, lapidados e utilizados pelo sistema de informações gerenciais, ou seja, é o fenômeno da transformação dos dados identificados que fornecem as informações, gerando novos dados, que vão auxiliar nas decisões gerenciais. Podemos tomar como referência o departamento de compras de uma empresa; cita-se a quantidade de materiais comprados, quantidades de pedidos emitidos, custo de cada pedido para ser emitido, número de compradores, pessoal de apoio envolvido no processo de compras etc. Com esses dados somados aos custos reais dos materiais comprados, podemos avaliar seu custo total, antes do custo de produção, que envolve os custos diretos e indiretos e que, consequentemente, resultam na análise do custo de vendas do produto final. Naturalmente, são considerados não somente as informações informatizadas através dos meios eletrônicos, mas as informações processadas manualmente, ou por qualquer meio de comunicação disponível.

"Processar dados para conseguir informações é a função básica do sistema de informações. Através da codificação, manipulação aritmética, classificação e consolidação, os dados são convertidos em informações úteis para tomadas de decisões logísticas e para feitura de relatórios.[4]

O avanço tecnológico da informação na área do conhecimento humano tem oportunizado a integração dos vários seguimentos da economia mundial, como podemos notar, a informática vem permitindo às empresas executarem operações em tempo recorde e com o mínimo de margens de erros, além de contribuir no planejamento e execução de novas soluções. Portanto, o fluxo de informações é um elemento de vital importância em todas as operações da empresa, principalmente em relação à emissão de ordens de compras, notas fiscais, pedidos de clientes, controle de estoque, delimitação de espaços nos armazéns, documentação de transportes, controle operacionais, monitoramento de cargas via satélite etc. Estas são algumas das formas mais comuns na difusão das informações, também denominadas de informações logísticas. A agilidade da informação é parte integrante do processo de qualidade requerida pelas empresas fabricantes de produtos e produtoras de serviços.

A menção da palavra "tecnologia" traz à mente termos como robótica, computadores, raios laser, fibras óticas, inteligência artificial, sistema especialistas, Just-in-time, comunicação por satélite e ônibus espacial. Algumas destas novas tecnologias terão profundo impacto na forma com que a função logística será exercida no futuro.[5]

---

4 Ballou, 1993, p.289.
5 Ballou, 1993, p. 367.

Como podemos perceber, as informações são impulsionadoras e obrigatórias nas tomadas de decisões gerenciais, podemos citar outro exemplo, a simples emissão de uma nota fiscal de venda de algum produto, ela gera informações que a princípio não nos damos conta da sua real importância, no entanto, ao emitirmos uma simples nota fiscal de um produto, geramos uma série de informações, como por exemplo: que o estoque está diminuindo, que deverá ser realizada uma nova pesquisa de preço e uma nova compra, que aumentou a receita da empresa, que vai gerar algumas despesas sobre essa venda, que vai precisar de uma logística para a entrega do produto ao cliente e o que fazer com o subproduto dessa venda, ou resíduo de pós-consumo, entre outros. As informações também podem ser fornecidas pela contabilidade dos atos e dos fatos ocorridos nas transações comerciais.

10.2 – A Contabilidade como Ferramenta Logística na Difusão das Informações

A contabilidade, assim como a administração, também desenvolveu algumas técnicas no decorrer do processo do desenvolvimento industrial e comercial, como, por exemplo, a contabilidade financeira (análise do retorno de investimento), a contabilidade gerencial e a contabilidade de custos, sendo que, a primeira está mais voltada para o âmbito externo da organização, como: acionista, Governo e sistema bancário, bem como para outros assuntos relacionados às abordagens matemáticas e contábil, que diz respeito às taxas de retorno do capital investido no empreendimento, enquanto que a segunda está voltada para o ambiente interno da organização, fornecendo informações precisas para as tomadas de decisões em todos os níveis hierárquicos da organização.

> [...] a contabilidade gerencial deve o seu nascimento praticamente à contabilidade de custos, em seus aspectos de gerenciamento e tomada de decisão. Neste particular, considere-se que o modelo decisório do administrador leva em conta cursos de ação futuros; informes sobre situações passadas ou presentes somente serão insumos de valor para o modelo decisório à medida que o passado e o presente sejam estimadores válidos daquilo que poderá acontecer no futuro, em situações comparáveis às já ocorridas.

Em outras palavras, a contabilidade gerencial é responsável pelo fornecimento de informações precisas e atuais para que os administradores de empresas possam exercer as suas funções gerenciais, que é de planejar, organizar, dirigir e controlar as tarefas, atividades que fazem parte do processo produtivo e do sistema gerencial.

Já a contabilidade de custos, apesar de ser subordinada àadministração financeira, o processo contábil e as projeções dos dados são inerente às duas áreas afins; portanto, tanto o administrador financeiro como a contabilidade de custos devem ter os mesmos critérios e os mesmos procedimentos em termos de apuração e controle dos custos.

A contabilidade de custos é parte integrante da contabilidade, esta considerada como uma ciência. É muito difícil dissociarmos uma da outra. A contabilidade de custos é um instrumento disponível e poderoso, porque utiliza em seu desenvolvimento os princípios, os critérios e os procedimentos fundamentais da ciência contábil (...) como, por exemplo, as técnicas estatísticas e matemáticas (...). Porém, as informações e as soluções advindas são apenas detalhes que deverão formar um todo, que somente terá utilidade para os diversos níveis gerenciais se estiverem coesos e articulados com os princípios, os critérios e os procedimentos exclusivos da contabilidade.

Como sabemos,administrar é tomar as decisões certas na hora apropriada, por isso, as informações podem ser de suma importância para o perfeito desenvolvimento das ações gerenciais. Atualmente, as empresas fazem um enorme esforço para se adaptarem a um mercado cada vez mais competitivo, o que têm levado seus administradores a buscarem novas formas e novas ferramentas gerenciais, como: planejamento de compras, estocagem, produção, qualidade, *marketing*, vendas, pós-vendas e distribuição dos produtos na cadeia de suprimentos. Assim, podemos perceber que a contabilidade também passou a fazer parte dessas ferramentas utilizadas na área da administração, oferecendo informações relacionadas com a contabilização dos lucros e dos prejuízos, como forma de minimizar as diferenças entre os débitos e os créditos, facilitando assim, as tomadas de "decisões gerenciais" no desenvolvimento empresarial, no emprego e controle dos recursos disponíveis.

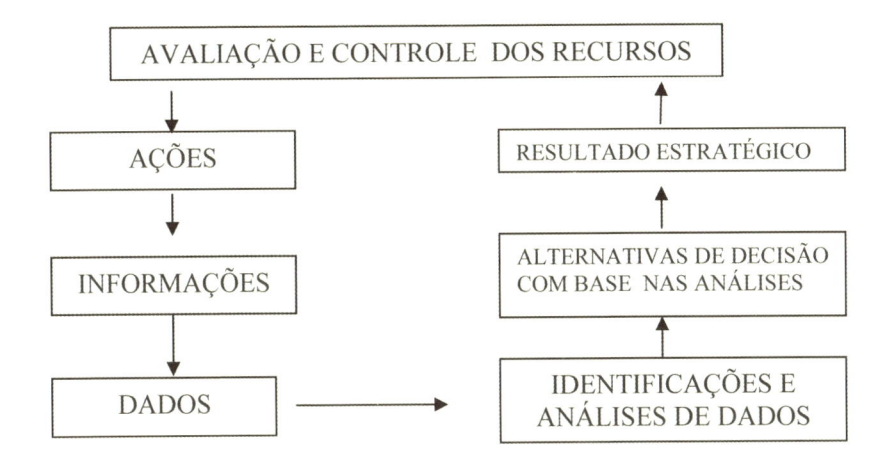

```
┌─────────────────────────────────────────────┐
│   AVALIAÇÃO E CONTROLE DOS RECURSOS         │
└─────────────────────────────────────────────┘
        │                            ▲
        ▼                            │
┌──────────────┐              ┌──────────────────────┐
│    AÇÕES     │              │ RESULTADO ESTRATÉGICO│
└──────────────┘              └──────────────────────┘
        │                            ▲
        ▼                            │
┌──────────────┐              ┌──────────────────────┐
│ INFORMAÇÕES  │              │ ALTERNATIVAS DE DECISÃO│
│              │              │ COM BASE NAS ANÁLISES │
└──────────────┘              └──────────────────────┘
        │                            ▲
        ▼                            │
┌──────────────┐              ┌──────────────────────┐
│    DADOS     │─────────────▶│ IDENTIFICAÇÕES E     │
│              │              │ ANÁLISES DE DADOS    │
└──────────────┘              └──────────────────────┘
```

Princípio básico de sistema utilizado para as tomadas de decisões gerenciais (executivo).

Todo e qualquer processo ou sistema administrativo tem como elemento básico, a tomada de decisão e, para que a mesma tenha sucesso é necessário ter um sistema de informações eficaz. Como visto, no processo decisório implica em uma necessidade objetiva e no uso da racionalidade em soluções, levando-se em conta as condições básicas da empresa e do seu ambiente interno e externo.

- Decisão: é uma escolha entre varias opções e alternativas válidas e que levam a um ou mais resultados satisfatórios em relação à decisão tomada e ao planejamento executado, e assim sucessivamente.

- **Executivo:** independente de sua posição dentro da empresa, o executivo é o tomador de decisões, ou seja, quem promove as ações; para isso, ele precisa de dados ou elementos que lhe orientem na execução das mesmas. No entanto, o executivo, antes de tomar qualquer decisão, deve tomar também algumas precauções, como: identificar o problema principal que está exigindo uma decisão imediata para a sua solução; analisar, através do bom senso e da coerência, o ambiente o qual envolve a decisão a ser tomada; e, finalmente, avaliar os impactos causados pela tomada de decisão, que podem ter consequências positivas ou negativas, tanto no ambiente interno da empresa, como no ambiente externo (mercado).

Parte Onze:

Logística de Movimentação Interna

11.1 – Os Setores da Empresa e as Atividades Logísticas

Resumidamente, podemos incluir as atividades logísticas em todos os setores da empresa, podendo corresponder as seguintes atividades:

- Compras, planejamento, programação e controle da produção;
- Controle de materiais (estoque de matérias-primas/ armazenamento);
- Previsão de necessidades de materiais;
- Processamento de pedidos de clientes;
- Planejamento de atendimento aos clientes, dentre outras.

Cada elemento desse sistema adiciona custos ao produto final e influencia as decisões tomadas por outros membros responsáveis por cada elemento acima, resultando, a partir disso, diversos conflitos, visto que cada um deles individualmente pretende minimizar seus próprios custos e reduzir seus próprios riscos e os riscos do sistema como um todo. Em circunstâncias, em que o custo total de manutenção de estoque ao longo do sistema logístico esteja desproporcional em relação à demanda de produtos no mercado, as organizações começarão a apresentar problemas de liquidez, pois o custo do capital empregado em estoques afeta as previsões de lucro. Uma solução possível para esses problemas pode ser a administração do sistema logístico, mediante um processo de mudanças e melhoria na qualidade das operações efetuadas para cada elemento do sistema. Os elementos de apoio logístico de empresa foram dominados e obscurecidos, no passado, pelas atividades de produção e *marketing* orientado para o produto. Recentemente, porém, o custo de mãodeobra forçou o surgimento de melhoramentos no transporte, na armazenagem e na movimentação física dos materiais, que se tornaram ultimamente setores industriais de capital altamente intensivos.

O estado em movimento dos materiais no interior da organização recebe o nome de fluxo de materiais. Geralmente, o fluxo de materiais envolve algumas paradas, que são ocasionadas por diversos fatores, o que faz com que a produção passe por momentos de maior demora, denominado de "gargalos de produção", nos quais os materiais ficam estacionados por algum tempo,à espera de soluções. À medida que passam pelo processo produtivo, fazendo parte deste, os materiais recebem acréscimos, transformações, adaptações, reduções, alterações, entre outros fatores necessários, que vão ocasionando mudanças progressivas nas suas características e passam a constituir materiais em processamento, depois materiais semiacabados e materiais acabados, ou componentes e, finalmente, ao se completarem, são produtos acabados. É justamente este estado em movimento que faz com que os materiais se modifiquem gradativamente ao longo do processo produtivo. Sendo assim, à medida que os materiais fluem pelo processo produtivo, passa a receber diferentes classificações, ou seja, passa a se enquadrar em diferentes classes de materiais, sendo que a classificação mais comum de ser encontrada é a mencionada logo abaixo:

- **Matérias-primas**

As matérias-primas constituem os insumos e materiais básicos que integram o processo produtivo da organização, constituem todos os itens iniciais da produção, significando que a produção é totalmente dependente das entradas de materiais para ter uma sequência.

- **Materiais em processamento ou em vias**

Os materiais em processamento são aqueles que estão sendo processados ao longo das diversas seções que compõem o processo produtivo da organização.

- **Materiais semiacabados**

Os materiais semiacabados são os materiais parcialmente acabados, cujo processamento está em algum estágio intermediário de acabamento e que se encontram ao longo das diversas seções que compõem o processo produtivo, sendo que estes podem ser considerados num estágio mais avançado que os materiais em processamento, pois estão quase acabados, faltando apenas algumas etapas do processo produtivo para se transformarem em materiais acabados ou produtos acabados.

- **Produtos acabados**

Os produtos acabados são os produtos prontos, cujo processamento está inteiramente completo, ou seja, constituem o estágio final do processo produtivo. Os materiais são classificados em função do seu estágio no processo produtivo da organização. Sendo assim, à medida que passa pelas diversas etapas do processo produtivo sofre alterações e acréscimos que provocam sua gradativa diferenciação até se tornarem produtos acabados. Diante do exposto até o momento, fica evidenciado que toda organização, independente do seu ramo de atuação necessita ter uma adequada administração de materiais, pois os resultados a que visa alcançar dependem da eficácia eficiência de tal administração.

Com o decorrer dos tempos, ao termo administração de materiais foi atribuído diferentes definições, embora, na prática, sejam utilizados termos variados, como por exemplo, administração de materiais, suprimentos, fornecimento, logística, e outros.

11.2 – A Logística de Materiais e sua Relação com Outros Setores

A administração de materiais tem o mais amplos dos conceitos e engloba todos os demais setores, envolve a totalidade de materiais da organização, abrangendo desde a programação de materiais, compras, recepção, armazenamento (almoxarifado e depósito de produtos acabados), movimentação e transporte interno. A administração de materiais se refere à totalidade das funções relacionadas com os materiais, desde a sua programação, aquisição, estocagem, distribuição, entre outros, ou seja, desde sua chegada a organização até sua saída com direção aos clientes. De acordo com este conceito, a administração de materiais é a preocupação principal, e a produção é apenas um usuário do referido sistema. Comumente, a administração de materiais não está subordinadaà produção, o que é passível de discussão, uma vez que podemos definir a administração de materiais da seguinte forma:

Administrar materiais é a utilização coerente e responsável, os recursos existentes e disponíveis dentro da empresas, para que possa fabricar e entregar ao mercado consumidor, produtos acompanhados de serviços de qualidades. Os recursos podem estar relacionados com: materiais, patrimônio, financeiro, humano, e tecnológico, que é o uso das experiências e conhecimentos na criação e inovação constante dos produtos e serviços. A otimização do sistema de materiais está diretamente relacionada à criação de produto, à utilização das informações específicas, à melhoria do processo de fabricação e à aplicação das estratégias gerenciais na condução das atividades produtivas e dos seus correspondentes recursos.

11.3 – Conceito de Suprimentos

A palavra suprimentos tem como objetivo designar todas as atividades que visam ao abastecimento ou fornecimento de materiais para a produção. A área de suprimentos envolve a programação de materiais, compras, recepção, armazenamento (almoxarifado), movimentação e transporte interno. De maneira geral, não envolve o armazenamento de produtos acabados, porque esta tarefa não está diretamente relacionada ao abastecimento da produção. Considerando o conceito acima citado, os suprimentos consistem em atividades dirigidas ao fornecimento e abastecimento de materiais para a produção. Sendo assim, a produção é a atividade principal ou final, enquanto o suprimento é atividade meio ou apenas subsidiária à produção.

Suprir significa, essencialmente, programar as necessidades de materiais, comprar, receber os materiais, armazenar no almoxarifado, movimentar, transportar internamente, visando a abastecer e atender às necessidades da produção. Portanto,o processo de suprimento envolve diretamente os setores de compras e almoxarifado, e estes devem trabalhar em um sistema de interrelacionamento, ou seja, em um processo de relação de reciprocidade (dependência mútua).

A logística compreende a coordenação do movimento de materiais desde o estoque de matérias-primas, nas instalações na organização, até o recebimento do produto acabado pelo cliente. De acordo com este conceito, a ênfase é colocada na movimentação ou no transporte de materiais. De fato, na prática, a logística se preocupa com a estocagem, bem como com o fluxo e a movimentação de materiais até a sua distribuição (cliente/consumo final). Sendo assim, suas principais preocupações estão centradas no tráfego, no transporte interno e externo dos materiais. Este sistema de produção é amplamente utilizado pelas indústrias têxteis, cerâmicas, eletrodomésticos, entre outras.

A movimentação de materiais não deve ser estudada como um tópico separado e independente, mas como uma parte integrante da AM. O estudo da movimentação de materiais deve levar em consideração todas as características do processo produtivo, já que faz parte inerente e inseparável dele.

A movimentação de materiais, em uma definição bastante genérica, consiste na preparação, colocação e posicionamento de materiais, a fim de facilitar sua movimentação e armazenagem. Tudo o que se relaciona com o produto, execução feita às operações de processamento propriamente ditas, é objeto de preocupação da movimentação de materiais.

Dá-se esse nome a todo o fluxo de materiais dentro da empresa. A movimentação de materiais é uma atividade indispensável a qualquer sistema de produção, e visa não somente ao abastecimento das seções produtivas, mas também à garantia da sequência do próprio processo de produção entre as diversas seções envolvidas. A movimentação de materiais pode ser horizontal ou vertical. É horizontal quando se dá dentro de um espaço plano e em um mesmo nível. É vertical quando a empresa utiliza edifício de vários andares ou níveis de altura.

11.4 – Os Princípios Básicos da Logística de Movimentação de Materiais

- Obedecer ao fluxo do processo produtivo e utilizar meios de movimentação que facilitem o fluxo e aumente a capacidade produtiva, bem como melhorar as condições físicas do trabalho humano;

- Eliminar distâncias e eliminar ou reduzir todos os transportes entre as operações;
- Minimizar a manipulação, preferindo meios mecânicos aos manuais;
- Considerar sempre a segurança do pessoal envolvido;
- Procurar a utilização máxima do equipamento, evitando o transporte vazio, isto é, utilizar sempre o transporte nos dois sentidos de ida e volta.

Objetivos da Movimentação de Materiais

O fluxo de materiais, se caracteriza na movimentação ou transporte de curta distância, sendo realizados tanto no interior como no pátio da empresa, ou paralelamente efetuados entredois ou mais pontos; vai depender do tipo de produto e dos equipamentos, ou seja, o processo se realiza de acordo com a atividade funcional a que se destina, tendo como principais objetivos:

- Otimizar a utilização da área disponível no almoxarifado ou armazém;
- Otimizar a eficiência operacional do fluxo;
- Reduzir os custos com a movimentação dos materiais;
- Otimizar a carga e o tempo de cada tipo de transporte utilizado;
- Melhorar o atendimento ao cliente etc.

- **Armazenamento:** compreende o recebimento, empilhamento ou colocação em prateleiras ou em suportes especiais, assim como expedição de cargas de qualquer forma, em qualquer fase do processamento de um produto ou na distribuição dos mesmos.

- **Transporte:** abrange o estudo do carregamento, fixação do transporte, desembarque e transferências de qualquer tipo de materiais nos terminais das vias de transporte, ou seja, portos, ferrovias e rodovias.

Encontrar o ponto de equilíbrio ou o interrelacionamento mais correto entre essas aplicações de sistemas logísticos não é tarefa fácil, pois requer um planejamento bastante eficiente de desenvolvimento dos sistemas de informação da empresa. O aspecto que se constitui em base para qualquer sistema de gerenciamento de materiais é a precisão dos dados ou a qualidade das informações processadas. Tanto para compras de bens materiais ou suprimentos, bem como nas compras de bens patrimoniais, em ambos os casos as necessidades ocorrem em detrimento da demanda, que por sua vez força as entradas, ou seja, ocorre uma relação direta entre as entradas e as saídas. No caso dos bens patrimoniais (assunto que veremos mais adiante), a demanda pode se dá pela necessidade de expansão da empresa (novas instalações) ou pelo desenvolvimento de novos produtos, podendo ser o caso da aquisição de máquina, equipamentos e instalações que irão fazer parte integrante do patrimônio da mesma. No caso das aquisições materiais, esse processo pode ser manifestado pela necessidade de reposições periódicas, ponto de pedido, solicitações de compras não programadas (emergência), aumento nas vendas etc.

- **Movimentação de materiais:** Transporte eficiente de produtos acabados do final de linha de produção até o consumidor, sendo que fazem parte o PCP (planejamento e controle da produção), estocagem em processo e embalagem.

- **Distribuição física:** Um conjunto de operações associadas à transferência dos bens objeto de uma transação, desde o local de sua produção até o local designado no destino e no fluxo de informação associado, devendo garantir que os bens cheguem ao destino em boas condições comerciais, oportunamente e a preços competitivos; em resumo, é "tirar da produção e fazer chegar ao cliente". Participam os setores de planejamento dos recursos da distribuição, armazém, transporte e processamento de pedido.

A missão do gerenciamento logístico é planejar e coordenar todas as atividades necessárias para alcançar níveis desejáveis dos serviços e qualidade ao custo mais baixo possível. Portanto, a logística deve ser vista como o elo entre o mercado e a atividade operacional da empresa. O raio de ação da logística estende-se sobre toda a organização, do gerenciamento de matérias-primas até a entrega do produto final. Dentro da logística integrada temos que fazer uma diferenciação entre as variantes da logística:

- **A logística de abastecimento:** é a atividade que administra o transporte de materiais dos fornecedores para a empresa, o descarregamento no recebimento e armazenamento das matérias-primas, embalagem de materiais, administração do retorno das embalagens e decisões sobre a metodologia no sistema de abastecimento da empresa.

• **A logística de distribuição:** é a administração do centro de distribuição, localização de unidades de movimentação nos seus endereços, abastecimento da área de separação de pedidos, controle da expedição, transporte de cargas entre fábricas e centro de distribuição e coordenação dos roteiros urbanos.

• **A logística organizacional:** é a logística de um sistema organizacional, em função da organização, planejamento, controle e execução do fluxo de produtos, desde o desenvolvimento e aquisição até o produto e distribuição para o consumidor final, para atender às necessidades do mercado a custos reduzidos e uso mínimo de capital.

Dentro dessa evolução podemos dividir a logística empresarial em duas atividades distintas:

Atividades primárias

- Transporte
- Gestão de estoque
- Processamento de pedido

Atividades de apoio

- Armazenagem
- Manuseio de materiais
- Embalagem
- Relacionamento de compras
- Administração de informações

Em consequência dessa concentração, pode-se também induzir o crescimento do custo logístico, pelo aumento das distâncias e a redução do nível de atendimento ao cliente, em função do afastamento dos mercados. Portanto, nessas circunstâncias, torna-se necessário um grande esforço para oferecer ao cliente um diferencial, que pode ser obtido através da administração logística.

11.5 – O Desafio do Gerenciamento Logístico

A filosofia fundamental, que está por trás deste conceito, é a do planejamento e coordenação do fluxo de materiais, da fonte até o usuário como um sistema integrado, em vez de, como é o caso tão frequente, gerenciar o fluxo de bens como uma série de atividades independentes. Desta forma, sob o regime de gerenciamento logístico, o objetivo é ligar o mercado, a rede de distribuição, o processo de fabricação e a atividade de aquisição, de tal modo que os clientes sejam servidos com níveis cada vez mais altos, ainda assim mantendo os custos baixos. O ciclo de vida dos produtos esta ficando cada vez menos, e essa diminuição exige informações bem mais velozes, precisas e oportunas, faz com que qualquer falha na qualidade, quantidade ou processamento da informação seja fatal para a empresa.

Esse encurtamento do ciclo de vida tem criado sérios problemas para o gerenciamento logístico. De modo particular, os ciclos de vida curtos dos produtos exigem prazos menores.Na verdade, nossa definição de prazo precisa ser mudada. Há situações em que o ciclo de vida é maior que o prazo estratégico; em outras palavras, a vida do produto no mercado é menor que o tempo necessário para projetar, fazer aquisições, fabricar e distribuir aquele mesmo produto. As implicações disto são enormes prejuízos para o planejamento e para as operações, em um contexto global, o problema é agravado pelos maiores tempos de transporte envolvido. O objetivo deve ser estabelecido de uma cadeia de clientes, que liga as pessoas em todos os níveis de organização, direta ou indiretamente, ao mercado; o administrador é forçado a pensar e agir de forma sistêmica, transformando a logística de ferramenta operacional em ferramenta estratégica para que as empresas possam entregar os produtos de acordo com as exigências dos clientes.

Tornar o produto ou serviço "disponível" é, em sua essência, tudo o que se espera da função de distribuição no negócio. A "disponibilidade" é, em si, um conceito complexo, que sofre impacto de uma infinidade de fatores que, juntos, constituem o serviço ao cliente. Nestes fatores, poderíamos incluir, por exemplo, a frequência e a confiabilidade da entrega, níveis de estoque e tempo consumido no ciclo dos pedidos. Em verdade, poderíamos dizer que o serviço ao consumidor final é determinado pela integração de todos esses fatores, que colocam o processo de fabricação dos produtos e prestações dos serviços disponíveis para o comprador. Assim, as organizações não somente procuram colocar o cliente no centro dos negócios, mas projetam todos os seus sistemas e procedimentos, com o objetivo principal de melhorar a velocidade e a confiabilidade da resposta. A logística é importante porque cria valor para os consumidores e fornecedores da empresa, valores estes expressos em tempo e lugar.

Parte Doze:

A Logística de Distribuição

12.1 – O Gerenciamento Logístico

Ogerenciamento logístico de materiais é o fator principal em toda a cadeia de suprimento. Portanto, é com base nas características físicas dos produtos, ou na sua complexidade, que podemos definir o tempo de fabricação, o tempo de entrega, o tipo de embalagem a ser utilizada, a área de armazenamento, equipamento de movimentação, o tipo de transporte mais adequado, qualificação pessoal, recursos financeiros etc. São esses elementos que irão definir o futuro da empresa através de um planejamento estratégico e deum gerenciamento eficaz dos recursos existentes e disponíveis.

Objetivo da cadeia de suprimento: diminuir o tem de entrega, maximizar o valor do produto, valorizar a imagem da empresa, gerar vantagem competitiva etc.

Valor global: é a diferença entre o valor do produto final e o esforço realizado pela cadeia de suprimentos para atender o cliente (receita, menos o custo total da cadeia).

Lucratividadeda cadeia de suprimento: éa divisão do lucro nas diferentes etapas do processo de distribuição.

Estágiosda cadeiade suprimento: fabricantes, fornecedores, transportadores, depósitos, atacados, varejistas e os próprios clientes.

Funções envolvidas: desenvolvimento de novos produtos, estratégias de *marketing*, planejamento estratégico operacional, armazenamento, expedição, distribuição, finanças, atendimento ao cliente etc.

A cadeia de suprimento envolve o fluxo de três fatores considerados de grande importância, ou seja: informações, produtos e dinheiro. Esses fatores geram custos e o sucesso da cadeia de suprimento está no gerenciamento eficaz desses fluxos.

12.2 – A Evolução Histórica da Logística

Na área militar, a palavra logística representa a aquisição, manutenção, transporte de materiais e de pessoal. Na história da humanidade, o homem tem se utilizado dessa técnica para desenvolver seus projetos estratégicos de guerras. De acordo com POZO (2001,p.16): "As forças armadas da América foram as primeiras a utilizar esse conceito de logística, na Segunda Guerra Mundial, e com muito sucesso. Esse sucesso militar do uso logístico, inicialmente, influenciou somente as atividades logísticas das firmas governamentais." Portanto, a missão da logística, consiste em prover produtos e serviços que satisfaçam aos níveis qualitativos requeridos pelos clientes, buscando os melhores processos de estocagem e manuseio dos materiais, sistemas de entregas eficazes, além de parcerias que permitam maior agregação de valor com custos competitivos e soluções que atendam aos canais de distribuição, recebimento, armazenagem, embalagem, movimentação e transporte.

12.3 – A Logística Integrada
(Distribuição e Retorno dos Materiais)

O conceito de logística integrada está baseado no processo de distribuição dos produtos e no retorno dos materiais de pós-consumo, que por sua vez está relacionado com o ciclo de vida dos produtos, acrescentado das etapas de descartes, retorno de embalagem, recuperação e reaplicação dos produtos, permitindo assim, o reaproveitamento dos mesmos e a realimentação do sistema. Trata-se da **"logística reversa"**, que muitas vezes pode representar um elemento complicador no processo de distribuição e comercialização dos produtos. O reverso é o resultado da diferença entre o fluxo normal e o que falta para completá-lo.

O retorno dos produtos na cadeia reversa de pós-venda normalmente se dará pelos mesmos caminhos da distribuição direta, ou seja, entre os diversos integrantes da cadeia, entre o consumidor e o varejista, entre o varejista e o distribuidor, entre o varejista e o fabricante, entre duas empresas etc. Desta forma, toda a coleta e a consolidação das mercadorias retornadasdeverão obedecera uma rota contrária das entregas normais, quanto maior for o número de devoluções, mais complexo e oneroso será o seu controle e o seu processo de coleta, principalmente quando se trata de embalagens retornáveis.

Segundo Luz (2004), o negócio com embalagens envolve uma cadeia produtiva complexa, com quatro competências fundamentais: *marketing*, *design*, logística e meio ambiente, e a sua acelerada evolução se assemelha à da tecnologia de informação, cuja condição tecnológica que incorpora às mais diversas especialidades e representa 13% do produto interno bruto – PIB, sinalizando um crescimento da ordem de 50% em curto prazo. Sob esta ótica, o Brasil tem apresentado grande avanço na superação dos desafios e noequacionamento dos problemas gerados com o uso das embalagens descartáveis, tanto é que já existem muitas ações de conscientização sobre o descarte das mesmas, mas o nível de informação à população ainda está longe de ser considerado um exemplo a ser seguido, principalmente em relação aos procedimentos relacionados ao uso e descartes apropriados, que não causem danos ao meio ambiente e nem à saúde dos seres humanos.

Portanto, para as embalagens aparentemente descartáveis ainda não existe uma logística estratégica que possa solucionar o problema como um todo. O problema principal desse descompasso pode estar relacionado com a falta de cumprimento das normas, custo muito alto para implantação de processos que minimize os impactos ambientais, interesse por parte dos empresários em dar solução para o problema que se acha que não lhes diz respeito, dentre outras.

A logística reversa ganhou maior importância a partir dos anos 90, com a conscientização dos povos, principalmente com o advento da ECO92, realizada na cidade do Rio de Janeiro, Brasil, e que contou com a participação de vários países, um movimento social na busca de uma melhor qualidade vida planetária. Assim como a logística reversa, a logística de distribuição também sofreu modificações relevantes, principalmente pelo reconhecimento por parte de seus administradores de que os produtos têm diminuído cada vez mais, o seu tempo de vida útil, com isso, a logística reversa se tornou um elemento de grande importância para as empresas, ajudando a melhorar a sua imagem corporativa, para os consumidores, fornecedores, no equilíbrio da natureza e a preservação do meio ambiente, bem como para a melhoria da qualidade de vida das populações.

A logística reversa tem o seu início no processo produtivo nas sobras residuais, na inspeção e separação dos produtos acabados, na devolução e coleta, ou até mesmo para atender alguma legislação específica para alguns tipos de produtos que tenham necessidade de uma atenção especial em seu descarte, como é o caso dos produtos considerados perigosos, e o problema da destinação dos produtos parece ter se agravado com a generalização dos produtos descartáveis.

O desenvolvimento da logística reversa se deve em parte à legislação ambiental, que está direcionada à responsabilidade das empresas em controlar todo o ciclo de vida do produto e os impactos que eles podem causar ao meio ambiente, além do aumento da consciência ecológica do consumidor, que passa a exigir maior responsabilidade de seus fornecedores. Este fato proporciona credibilidade às empresas verdes, possibilitando a estas empresas uma vantagem competitiva (Schenini, 2005).

Como podemos constatar em nível mundial, existe um grande número de produtos no mercado que são constantemente trocados ou substituídos, devido ao seu alto grau de tecnologia, tornando-se obsoletos em pouco tempo, fazendoseu ciclo de vida mais curto, gerando assim um volume gigantesco de produtos inseridos no mercado, e cada vez mais acessível a todas as classes, como: televisores, celulares, carros, aparelhos domésticos, produtos de consumo, entre outros.Aumenta a importância de se questionar e controlar a logística reversa de todos estes produtos.

Um exemplo rotineiro da logística reversa ocorre com as empresas fornecedoras de gás de cozinha, ou de galões de águamineral: sempre que ocorre uma necessidade da reposição dos mesmos, existe também a necessidade do botijão de gás e do galão para que haja o reabastecimento. Assim, os clientes,ao comprar um botijão ou um galão de água, devem entregar os mesmos vazios, pagando apenas pelo conteúdo. Sendo assim, a opção pela reciclagem de materiais ou a utilização de matérias--primas secundárias, por exemplo, pode ser bem visto tanto por clientes como por colaboradores e parceiros das empresas e comunidade em geral. Além disso, pode abrir caminho para a empresa entrar em mercados que apreciem produtos que tenham conteúdo ecológico.

Lacerda (2002) considera que, do ponto de vista financeiro, fica claro que, além dos custos da matéria-prima, manufatura, transporte, estocagem e armazenagem, o ciclo de vida de um produto inclui os custos relacionados como o fluxo reverso. Assim sendo, pode-se definir que a logística reversa é um processo de planejamento, implementação e controle do fluxo de matérias-primas, estoque em produtos acabados, do ponto de consumo até o ponto de origem, cujo alvo principal é recapturar o valor ou realizar o descarte adequado.

Outro fator que tem contribuído significativamente em relação à adoção da logística reversa são as pressões por regulamentações ambientais, que têm tido seu crescimento, sendo que muitas empresas têm a obrigação de estender sua responsabilidade sobre seus produtos além da venda e da assistência técnica e que hoje são muitas vezes responsáveis pela coleta e/ou descarte controlado dos mesmos após o término de sua vida útil.

Em países desenvolvidos na Europa, Japão, Estados Unidos, entre outros, essas pressões ambientais já foram responsáveis por grande parte do desenvolvimento da logística reversa, mostrando que é possível produzir sem poluir o meio ambiente. Tornado-as um exemplo a ser seguido por outros países.

Na definição de logística reversa, entende-se que todas as empresas que produzem ou distribuem produtos devem se responsabilizar em dar um destino adequado ao que foi produzido ou distribuído por elas mesmas.

Com isso, nota-se que os fatores que impulsionam o fluxo reverso variam de acordo com o produto e até mesmo entre os participantes dentro da cadeia de um mesmo produto. Assim, quando a recuperação de um material é vantajosa, como é o caso da recuperação de cartuchos de tinta para impressoras, observa-se que grande parte dos elos da cadeia é bem remunerada e consequentemente interessada no bom funcionamento dessa cadeia, principalmente no contexto socioeconômico, visto que se paga bem menos na compra de cartuchos de tinta, dando-se em troca os cartuchos vazios.

Sendo assim, não existem motivos e desculpas para não se fazer do uso da logística reversa, pois ela é uma realidade que traz resultados econômicos, financeiros e ambientais, quando o que ainda poderia estar faltando é uma conscientização das pessoas em geral e uma maior cobrança dos órgãos públicos.

Apesar da logística reversa trazer alguns benefícios para as empresas através da agregação de valor no seu processo, que pode ser de natureza econômica (vendas de sucatas, reciclagem, isenções de impostos, etc.) além de ecológica e legal, parece que ainda vai levar algum tempo para que o processo de conscientização se consolide e se torne a base da sustentabilidade do sistema ecológico. O que, segundo Lacerda:

> Assim, verifica-se que as organizações estão em um estado inicial no que diz respeito ao desenvolvimento das práticas de logística reversa. E esta realidade está mudando as respostas às pressões externas com um maior rigor na legislação ambiental, a necessidade de reduzir custos e a necessidade de oferecer mais serviços através de políticas de devolução mais liberais.[6]

No entanto, o fluxo reverso pode ser ocasionado por vários motivos, que por sua vez podem ocasionar o retorno de um produto, assim como existem várias destinações que podem ser dadas a esses mesmos produtos, como:

- **Os motivos das devoluções dos produtos**

- Erro na emissão da nota fiscal;
- Pouco giro no ponto de venda;
- Fora de validade;
- Em desacordo com o pedido do cliente;
- Produtos danificados no transporte;
- Venda consignada;
- E outros.

- **Os destinos das devoluções dos produtos:**

- Reciclagem;
- Doações;
- Conserto;
- Reaproveitamento;
- Produção de segunda linha;
- E outros.

---

6 Lacerda, 2002, p. 7.

Por isso, toda e qualquer empresa precisa contar com um canal eficiente de distribuição, desde que haja necessidade para isso. A importância do canal de distribuição ou pontos intermediários pode ser evidenciada através de suas principais funções, como: dividir o produto em várias partes, fornecer informações sobre a aceitação dos mesmos no mercado e a transferência de riscos do produtor para o distribuidor ou vice-versa. No entanto, as despesas com o processo de distribuição devem ser encaradas como um investimento, um centro de lucratividade e não como um centro de custos. Por isso, a seleção dos distribuidores, como a seleção dos mercados, é de grande importância, seja de um canal indireto ou um canal direto, o que significa dizer que a distribuição dos produtos pode ser realizada diretamente pelo próprio fabricante, ou através dos distribuidores.

12.4 – As Estratégias de Mercado

A segmentação de mercado é uma das estratégias utilizadas pela logística de distribuição dos produtos e serviços, de acordo com o posicionamento do produto, dos clientes, ou melhor, do mercado como um todo, ou seja:

Estratégia não diferenciada: a empresa oferece o mesmo tipo de produto para todos os seus segmentos de mercado. Segmentar mercado significa avaliar algumas variáveis, como: variável demográfica, que consiste em dividir o mercado em grupos de consumidores, levando se em conta a idade, sexo, religião, escolaridade e outros. Variáveis geográficas, que significa dividir o mercado em regiões, como: países, Estados, cidades ou municípios.

Estratégia diferenciada: a empresa apresenta diversos tipos de produtos ou serviços para diversos tipos de mercados.

Estratégia concentrada: a empresa oferece um só tipo de produto ou serviço para um mercado específico.

Percebe-se, assim, que o transporte é fundamental para que seja atingido o objetivo logístico, que é o produto certo, na quantidade certa, na hora certa, no lugar certo e, ao menor custo possível. Quanto à política de consolidação de cargas significa agregar valor a distribuição através da maximização da quantidade, ou seja, procurar trabalhar com um maior volume de produtos, utilizando os maiores veículos possíveis, podendo utilizar a plena capacidade como um meio de redução de custos de transporte e distribuição. As empresas procuram cada vez mais agilizar o fluxo de materiais, diminuindo o tempo entre o recebimento e a entrega dos pedidos para reduzir os investimentos em estoques. Desta forma, o papel da armazenagem ou estocagem está voltado para prover capacidade de resposta rápida a um mercado cada vez mais dinâmico e competitivo, por isso, muitos desses serviços executados visam justamente a reduzir as necessidades de estoque. Neste contexto:

Uma questão básica do gerenciamento é como estruturar sistemas de distribuição capazes de atender de forma econômica os mercados geograficamente distantes das fontes de produção, oferecendo níveis de serviço cada vez mais altos em termos de disponibilidade de estoque e tempo de atendimento.[7]

12.5 – As Perspectivas da Logística na Visão de Alguns Autores

Esta abordagem considera o fluxo de materiais, desde os fornecedores até o estabelecimento de manufatura, com seus depósitos e linhas de produção, ou seja, o continuo fluxo de materiais através dos armazéns e centros de distribuição até os clientes finais, este fluxo é controlado e planejado como um sistema integrado. Existem muitas maneiras de definir o conceito de logística, que tanto pode ser definida em termos conceituais, como pode ser caracterizada através de situações apresentadas.

Ao invés de atender um grupo de clientes diretamente dos armazéns centrais, o que poderia implicar na movimentação de cargas fracionadas por grandes distâncias, a utilização dos centros de distribuição avançados permite o recebimento de grandes carregamentos consolidados e, portanto, com custos de transporte mais baixos. O transporte até o cliente pode ser feito em cargas fracionadas, mas este é realizado em movimentos de pequena distância.[8]

A logística tem gerado grandes expectativas, principalmente no Brasil, evidenciando um período de mudanças, o que pode ser observa-

---

7 Lacerda, 2000, p. 2.

8 Ibid, p.2.

do na eficiência das práticas empresariais, na qualidade e disponibilidade de uma infraestrutura de transportes, além das informações, tecnologias e das diversidades dos meios de comunicações, elementos considerados de fundamental importância para a existência de uma logística competitivaDe acordo com alguns autores, estes fatores são impulsionados pelo aumento crescente das transações no comércio internacional, a estabilização econômica produzida pelo Real e as privatizações da infraestrutura, gerando uma demanda sistêmica por logística internacional, uma área para a qual o Brasil ainda não estava preparado adequadamente. Mas, de acordo com Cristopher (1999, p. 82): "A tendência rumo á economia mundial integrada e a arena competitiva global está forçando as empresas a projetar produtos para um mercado global e racionalizar seus processos produtivos de forma a maximizar os recursos corporativos."

O autor propõe o alcance da competência logística através da coordenação e interrelacionamento de diversas atividades funcionais: gerenciamento das instalações através de um projeto de rede; disponibilidade de informações em tempo real, análise do custo, velocidade e consistência do transporte; manutenção do nível ótimo do estoque; e armazenagem. E a competência logística vai determinar a competitividade da empresa no mercado, fornecendo um serviço superior por um custo inferior à média do segmento industrial respectivo. Como visto, parece existir uma tendência única que evidencia a importância do atendimento ao cliente na perspectiva logística. Assim, podemos observar na prática-que as empresas excelentes em logística entendem que o seu sucesso depende do sucesso de seus clientes e dos seus fornecedores, já que eles fazem parte da mesma cadeia de suprimento. O desafio é equilibrar as expectativas dos clientes e os custos com os serviços prestados, de modo a alcançar os objetivos de todos os envolvidos no processo de produção e vendas das mercadorias. Portanto, o esforço dos gestores da logística tem alguns pontos determinantes, como: por o produto certo, no tempo certo e no local certo de acordo com as exigências dos clientes. Isso só será possível com um sistema de transporte integrado às diversas alternativas relacionadas com os tipos de transportes e suas características de serviços oferecidos, como: velocidade, previsão de entrega das mercadorias, capacidade de carga e disponibilidades (localidades de atendimentos).

Nível de Decisões

Estratégias da cadeia de suprimentos: envolve local, capacidade produtiva, instalações de armazenagem, produto a ser fabricado/estocado, meios de transporte, tipo de sistema de informação.

Planejamento da cadeia de suprimentos: está relacionado com as previsões de políticas operacionais, comoprevisão de demanda em diferentes mercados, decisão sobre quais os mercados e de que locais serão supridos, construção de estoques, terceirização da fabricação, políticas de reabastecimento e estocagem, periodicidade e dimensão das campanhas de *marketing*, e outros.Como sabemos, as necessidades dos mercados consumidores são as mais variadas possíveis, bem como, as circunstâncias e as situações que envolvem esses mercados. Assim, a logística de distribuição está centrada na segmentação de mercado e em suas variáveis, como:

- Variável geográfica: significa dividir o mercado em regiões de acordo com o número deconsumidores que a empresa pretende atingir;
- Variável demográfica: significa dividir o mercado em grupos de consumidores, levando-se em conta a idade, o sexo, religião, escolaridade e outros;
- Variável comportamental: está baseada na aceitação dos produtos pelos possíveis consumidores.

Assim, a segmentação de mercado é uma das estratégias para a utilização da logística de distribuição dos produtos, de acordo com o posicionamento da gestão estratégica frente a esse mesmo mercado.

Operação na cadeia de suprimentos: definição da distribuição de pedidos para fabricantes, data em que o pedido será atendido, geração de inventários, adaptação do pedido ao meio de transporte, organização das entregas e outras providências necessárias a sua operacionalidade, bem como, a redução de incertezas.

Dinâmica dos fluxos de materiais, da produção a distribuição na cadeia de suprimento:visão *pull/push*.

Processos *pull*: a execução é iniciada em resposta aos pedidos de clientes, onde a demanda é conhecida com certeza, isto é, trata-se de um processo reativo.

Processos *push*: a execução é em antecipação aos pedidos dos clientes, onde a demanda não é conhecida e deve ser prevista, isto é, trata-se de um processo especulativo.

Importância dos fluxos de materiais: venda direta ao cliente.Permite um controle maior sobre os estoques reduzidos. Se um item de estoque cai na obsolescência, as perdas são menores. Ganha agilidade no mercado, caso novo componente seja lançado, desde que haja um eficiente sistema de informação.

Fluxo de caixa: a eficiência do fluxo de caixa está na conciliação entre recebimento dos clientes e o pagamento dos fornecedores e colaboradores, isto é, a empresa deve receber do cliente em média cinco dias antes da data do pagamento dos fornecedores.

Estratégia competitiva: define um conjunto de necessidades do consumidor que a empresa pretende satisfazer através de seus produtos, o que incluem responsabilidades e habilidades para lidar com os obstáculos na cadeia de produção e abastecimento.

A estratégia refere-se ao que cada função destas tentará fazer bem. Assim, existem as estratégias de desenvolvimento, *marketing* e vendas. A estratégia da cadeia de suprimentos determina a natureza da obtenção de matérias-primas, o transporte dos materiais, a fabricação e a distribuição do produto, juntamente com os serviços pós-venda. Após isso, as estratégias serão delineadas para finanças, contabilidade, tecnologia da informação e relações humanas.

Responsabilidades da cadeia de suprimentos: responder a amplos processos de quantidades exigidas, comoatender a *lead times* curtos, manejar grande quantidade de produtos, produzir produtos altamente inovadores e um serviço diferenciado.

Habilidades da cadeia de suprimentos: quanto maior o número de habilidades, mais responsável é a cadeia de suprimento, o que afeta a eficiência em termos de custo; portanto, devemos buscar um equilíbrio entre responsabilidade e eficiência, que deve estar de acordo com a estratégia competitiva.

Opções de projeto para uma rede de transporte

- Rede de entrega direta: necessidade de especificar a rota. Elimina depósitos intermediários, além de ser simples a operação e coordenação. Tempo de transporte do fornecedor à loja é reduzido. Bom para entrega em grandes lojas que justifiquem tamanhos ótimos de lote de suprimentos.

- Entrega via centro de distribuição centralizado: fornecedor entrega mercadorias no CD e não no varejista. O CD envia as entregas para cada loja.

Rotas e Cronogramas no Transporte

- Objetivo: minimizar os custos de transporte através de menor número de veículos, menor distância total percorrida, tempo de viagem e eliminação de falhas nos serviços para impedir atrasos. O gerente de CD determina quais os clientes que serão atendidos e quais as rotas a serem seguidas de cada veículo.

Instalações

- São os locais para ou de onde o estoque é transportado;
- Seu papel na estratégia competitiva está na localização;
- Se próximo ao cliente, acarreta número maior de instalações, mas menor eficiência. O oposto também procede;
- Decisão está entre o custo da quantidade, da localização, tipo de instalação e nível de responsabilidade.

12.6 – As Alternativas Logísticas para Localização dos Centros de Distribuições

Existem várias alternativas possíveis que podem viabilizar um ponto de equilíbrio entre os custos, o valor do frete e a localização do centro de distribuição de produtos em uma determinada região ou mercado específico. O importante é que a escolha final do CD possa trazer algum benefício para a empresa, seja ela fabricante de produtos com frota própria, ou produtora de serviços, como é o caso das transportadoras. No entanto, existem vários fatores que podem influenciar na escolha da localização, principalmente na localização de fábrica, como:

a) disponibilidade de mão de obra específica ou qualificada em determinadas regiões do país;

b) longitude do mercado consumidor ou produtor;
c) limitações culturais, como: escolas, universidades, bancos etc;
d) serviços públicos, como: telecomunicações, infraestrutura e outros.

Assim, devemos analisar e avaliar minuciosamente o local para a instalação de um centro de distribuição ou da localização de uma fábrica, de preferência próximo a vias de acesso e outras facilidades. O importante é que o planejamento represente o menor custo possível. Portanto, temos um ponto de fornecimento de matéria-prima e um ponto de distribuição dos produtos no mercado consumidor.

Exemplo: em um estudo sobre localização de um centro de distribuição de uma transportadora, podemos escolher aleatoriamente quatro regiões, ou seja, região 1, região 2, região 3 e região 4, onde foi verificado que as distâncias entre elas e as quantidades de produtos consumidos por essas regiões, bem como o valor do frete por quilômetro e por toneladas de produtos transportados.

a) região 1: consumo = 12 toneladas – a distância entre a região 1 e região 2 é de 130 quilômetros e o valor do frete é R$5,00 por tonelada;
b) região 2: consumo = 8 toneladas – a distância entre a região 2 e a região 3 é de 150 quilômetros, idem;
c) região 3: consumo = 6 toneladas – a distância entre a região 3 e a região 4 é de 250 quilômetros, idem;
d) região 4: consumo = 10 toneladas – a distância entre a região 4 e a região 2 é de 100 quilômetros, já a distância entre a região 4 e a região 1 é de 200 quilômetros.

Cálculos dos momentos para cada região em relação às outras, ou seja, iremos fazer uma simulação para a instalação de um CD para cada região; após isso, verificaremos qual a região que oferece economia para empresa, e que a mesma justifique o empreendimento.

Obs.:
1 – A última entrega será realizada na região 4.
2 – Não considerar, para efeito de cálculo, o consumo da região onde está sendo localizado o centro de distribuição, principalmente pela sua proximidade na entrega.

Consumo
R1=12 tons

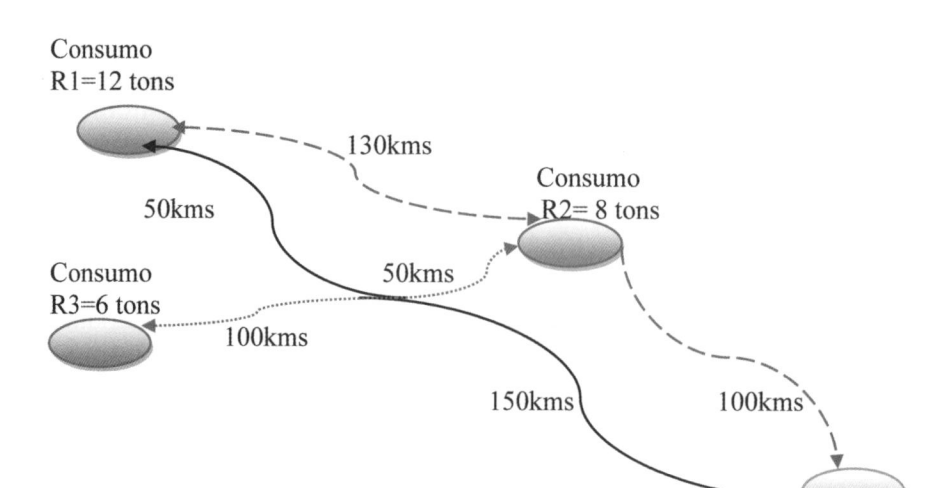

130kms

Consumo
R2= 8 tons

50kms

Consumo
R3=6 tons

50kms

100kms

150kms

100kms

Consumo
R4=10 tons

Primeiro momento:
1 – R$2,00 x 24 x 130 = R$6.240,00 – 2
2 – R$2,00 x 16 x 150 = R$4.800,00 –3
3 – R$2,00 x 10 x 250 = R$5.000,00 – 4
_____
Custo Total...................R$16.040,00

Segundo momento:
2 – R$2,00 x 28 x 150 = R$ 8.400,00 – 3
3 – R$2,00 x 22 x 250 = R$11.100,00 – 4
4 – R$2,00 x 12 x 200 = R$ 4.800,00 – 1
_____
Custo Total ....R$24.300,00

Terceiro momento:
3 – R$2,00 x 30 x 150 = R$ 9.000,00 – 1
1 – R$2,00 x 18 x 130 = R$ 4.680,00 – 2
2 – R$2,00 x 10 x 100 = R$ 2.000,00 – 4
_____
Custo Total.................R$ 15.680,00
Quarto momento:

4 – R$2,00 x 26 x 100 = R$ 5.200,00 – 2
2 – R$2,00 x 18 x 130 = R$ 4.680,00 – 1
1– R$2,00 x 6 x 150 = R$ 1.800,00 – 3

Custo Total ....R$11.680,00

Como ficou demonstrado, a melhor região para a instalação de um CD seria a região 4, pois foi a que apresentou um menor custo com frete na distribuição dos produtos na cadeia de suprimentos. Mas se trata apenas de uma simulação simples, que pode ser bem mais abrangente, vai depender de sua imaginação diante das várias opções existentes. No entanto, de nada adianta diminuir os custos com CDs, fretes e distribuição, se o desperdício se encontra em toda cadeia produtiva. Daí, é necessário rever caso a caso para a eliminação dos problemas relacionados com custos e produtividade

12.7 – Os Obstáculos no Alinhamento Estratégico na Cadeia de Suprimentos

a) Aumento da variedade dos produtos;
b) Clientes exigindo produtos com alta qualidade e preço baixo;
c) Segmentos de mercado muito fragmentado que complicam a cadeia, pois a demanda e o atendimento dessa demanda são mais difíceis;
d) Redução do ciclo de vida dos produtos, o que obriga as empresas a ficarem atentas as mudanças e as constantes adaptações com a produção e entrega de novos produtos, gerando uma maior incerteza e um menor leque de oportunidades na cadeia de suprimentos.

A importância do canal de distribuição ou centro de distribuição, ou simplesmente distribuidores, pode ser evidenciada através de suas principais funções, como:

- Fracionar: o que significa uma grande quantidade de produtos em um curto espaço de tempo, porém em pequenas quantidades, o que facilita a compra, manuseio e transporte por parte do consumidor;

- Transferência de risco: neste caso, a empresa produtora têm duas opções, ou seja, dividir a responsabilidade ou transferir todos os riscos por conta do intermediário (canal de distribuição);
- Fornecer informações: as informações podem ser sobre a aceitação do produto, o tamanho do mercado e sua disposição de compra, a concorrência eo comportamento dos preços;
- Preço: significa a interação entre comprador e vendedor, em um determinado momento e sob determinada condição, envolvendo um valor percebido pelo cliente em relação à qualidade do produto, e geralmente está vinculado à sua utilidade.

12.8 – A Estrutura de Projetos de Redes (Decisões)

- Fase I – Estratégia da cadeia de suprimentos: considerar a estratégia competitiva, as restrições internas (capital, estratégia de crescimento, rede existente) e a concorrência global.
- Fase II – Configuração das instalações regionais: considerar a tecnologia de produção (custo, impacto escala/escopo, suporte necessário, flexibilidade), o ambiente competitivo, as tarifas e incentivos fiscais, a demanda regional (tamanho, crescimento, homogeneidade, especificações locais) e riscos políticos, cambiais e de demanda.
- Fase III – Locais interessantes: considerar o método de produção (habilidades necessárias, tempo de resposta) e infraestrutura disponível.
- Fase IV – Escolha de locais: considerar custos (MDO, materiais, local específico) e custos de logística (transporte, estoque, coordenação).
- Coordenação compartilhada da informação: é necessário decidir como criar a coordenação para atingir os objetivos de maximizar a lucratividade e que informações deverão ser compartilhadas pela cadeia.
- Previsão e planejamento agregado: criar projeções sobre futuras necessidades e condições. Criada a previsão, é necessário um plano de ação. O planejamento agregado transforma as previsões em planos para satisfazer a demanda.
- Responsabilidade social: está relacionada à qualidade nos produtos e serviços; com isso, à qualidade de vida e à conquista da cidadania. É através da agregação desses novos valores que o empresário pode demonstrar sua capacidade e eficiência operacional.

Como podemos perceber, além satisfazer as necessidades dos clientes, agregar valor ao produto através da qualidade, é necessário que o empresário descubra as inúmeras oportunidades de negócios através da responsabilidade social e da cidadania empresarial.

Os transportes rodoviários e ferroviários são executados nacional e internacionalmente, ligando com facilidade países vizinhos. Embora apresentem limitações em relação aos meios de transporte marítimo e aéreo, são utilizados também para o transporte entre continentes, como ocorre na Europa e Ásia.

Parte Treze:

Transporte aéreo

É o transporte realizado por empresas de navegação aérea, através de aeronaves de vários tipos e tamanhos, nacional e internacionalmente; podendo ser utilizado praticamente para todas as cargas, embora com limitações em relação ao marítimo, quanto à quantidade e especificação. Através da navegação aérea, pode-se atingir qualquer ponto do planeta, sendo esta opção interessante para cargas de alto valor ou de alta perecibilidade, ou amostras, que necessitem chegar rapidamente ao seu destino.

13.1 – As Características dos Transportes de Cargas

1) Multimodal

Transporte multimodal é aquele em que uma mercadoria utiliza mais de um modal de transporte para chegar ao seu destino, em virtude da impossibilidade de atingir determinado ponto apenas por um dos modais existentes; pode ser realizado internamente no país, ou entre países diferentes no comércio internacional, como no caso de uma mercadoria que sai de um país e necessita ser entregue no interior de outro país. A multimodalidade caracteriza-se quando a mercadoria é transportada por mais de um modal de transporte sob a responsabilidade de um único transportador ou operador de transporte multimodal, que tem a obrigação da entrega da mercadoria em determinado ponto e cujos trajetos são cobertos por um documento de transporte único, ou seja, por um contrato único. Isto requer o desenvolvimento gerencial de uma política de venda e transporte porta a porta, o que torna a logística de transporte um exercício permanente, para que se possam aproveitar as melhores oportunidades.

Esta modalidade apresenta, portanto, a vantagem de permitir que um único responsável tenha a obrigação do transporte da carga desde a origem até a entrega no destino final, ou partes do trajeto que de qualquer modo necessitam de transporte conjugado. Assim, como há um único responsável pelo transporte, o pagamento do frete deve ser feito apenas uma vez pelo exportador ou importador. O transporte multimodal apresenta também, como vantagem, a segurança que proporciona à carga, a possibilidade de entrega mais rápida e uma redução de custos em relação ao transporte convencional de carga, qual seja, a intermodalidade com responsabilidade dividida. A multimodalidade tem um profundo e antigo relacionamento com o contêiner, que é o melhor e mais apropriado instrumento para este tipo de transporte, em face da facilidade no seu manuseio e troca de veículos transportadores.

2) Operador de transporte multimodal

É uma empresa que está apta a prestar serviços como operador de transporte multimodal, isto é, pode assumir como principal, e não apenas como agente, a responsabilidade do transporte multimodal, desde o momento em que recebe a carga até a sua entrega ao destinatário, envolvendo estes serviços à coleta, unitização, armazenagem, manipulação, transporte e desunitização, ou seja, todas as etapas necessárias ao cumprimento desta finalidade desde a coleta até a entrega da carga.

3) Transporte intermodal

O transporte intermodal ou segmento diferencia-se do multimodal pela característica do documento de transporte, ou seja, enquanto este requer apenas um documento, o intermodal depende de documentos diferentes para cada transporte envolvido. Isto se deve ao uso de mais de um tipo de modal, pois a responsabilidade não pertence apenas a um transportador, cada um que se responsabiliza por seu próprio transporte no decorrer de cada trajeto. Neste tipo de transporte, portanto, o comerciante contrata cada modal de transporte independentemente e recebe o Conhecimento de Transporte para aquele modal ou trajeto contratado. A logística de transporte sofre, neste caso, uma modificação substancial, já que fica dividida entre o expedidor e o recebedor da carga, cada qual cuidando da sua parcela, sendo que a divisão de responsabilidade poderá ser dividida entre as partes.

4) Transbordo de carga

O transbordo de carga significa a transferência da mercadoria de um veículo transportador para outro do mesmo tipo para a continuação da viagem, por exemplo, a troca de um navio por outro. Este tipo de transporte é realizado, em geral, para portos ou pontos de destino que não são servidos diretamente por uma linha regular de transporte, podendo envolver a troca de transportadores e de responsabilidades pelo transporte da carga, ou simplesmente a troca de transportadores com manutenção da responsabilidade sobre o primeiro transportador. Em operações *relay*, ou seja, quando a troca de mercadoria for realizada de um navio para outro da mesma empresa de navegação, para sequência da viagem com cobertura pelo mesmo Conhecimento de Embarque, nunca há transferência de responsabilidade, já que muda apenas o navio e não o armador. Esta operação pode não ser aceita pelos importadores, pois implica risco e manuseio adicional da carga, devendo, portanto, ter a concordância dos recebedores e fazer parte do contrato de compra e venda.

5) Unitização de cargas

Unitizar uma carga significa juntar vários volumes pequenos em um único maior, com o intuito de facilitar a movimentação, armazenagem e transporte, fazendo com que esta transferência, do ponto de origem até o seu destino final, possa ser realizada, tratando o total de volumes envolvidos em cada unitização como apenas um volume. Entretanto, a unitização de cargas pode ser realizada também para granéis líquidos e sólidos nos próprios veículos transportadores. Desta forma, os produtos com pesos e volumes elevados recebem tratamentos especiais, com enfoque nos veículos de transporte onde são unitizados. As operações de carga, para qualquer que seja o produto, têm de obedecer sempre aos mesmos princípios que regem a unitização, isto é, agilização no escoamento de mercadorias. Dentro do conceito de unitização de cargas, inclusive porque os modais cada vez mais requerem este procedimento, várias são as vantagens resultantes, como:

- Redução do número de volumes a manipular;
- Menor número de manuseios da carga.

13.2 – Vantagens e Desvantagens dos Transportes Marítimos

Vantagens:

- É o modal que apresenta habitualmente, o frete mais barato, em virtude de sua grande capacidade e do baixo custo da força motriz utilizada. Cargas de baixo valor agregado devem ser transportadas por via marítima;
- Atende às grandes distâncias (viagens intercontinentais);
- Oferece equipamentos (contêiner) especializados para cada necessidade especifica de transportes de carga.

Desvantagens:

- É o meio de transporte menos veloz. As viagens são mais demoradas, relativamente aos outros modais de transporte (aéreo, rodoviário e ferroviário);
- Está sujeito a congestionamento nos portos, em decorrência de condições climáticas adversas, como chuvas ou congelamento das águas do porto. No Brasil, o congestionamento ocorreprincipalmente na época da safra agrícola ou quando há greves;
- Devido à grande manipulação das cargas neste modal de transporte, as embalagens dos pequenos lotes devem ser mais reforçadas, onerando a cadeia de distribuição física internacional desse tipo de carga. Isto é válido, inclusive,quando do transporte da mercadoria em contêiner.

Os Tipos de Transportes Logísticos Relacionados com a Cadeia de Suprimentos

Aquaviários: marítimo, fluvial e lacustre.
Terrestres: rodoviário, ferroviário e dutoviário.
Aéreos.

1) Marítimo

O transporte marítimo é aquele realizado por navios em oceanos e mares.

Pode ser utilizado para todos os tipos de carga e para qualquer porto do globo, sendo o único meio de transporte que possibilita a remessa de milhares de toneladas ou de metros cúbicos de qualquer produto de uma só vez. O transporte marítimo é dividido em:

- **Navegação de longo curso:** faz a ligação entre países próximos ou distantes (navegação internacional);
- **Navegação de cabotagem:** realiza a conexão entre os portos de um mesmo país (navegação nacional).

Os navios podem ter os mais diversos tamanhos e características, com capacidade para centenas de toneladas, com diversas finalidades, pois podem carregar vários tipos de produtos, como carga geral, carga frigorífica, portacontêiners, graneis líquidos ou sólidos, e automóveis. A maioria das cargas, por exemplo, gerais, frigoríficas, automóveis, tanto soltas quanto unitizadas, são transportadas normalmente em navios de armadores que mantêm linhas regulares de tráfego, ou em frota própria, como ocorre no caso da Petrobras, no transporte depetróleo e derivados.

2) Fluvial

Navegação fluvial é a navegação interna, ou seja, dá-se dentro do país e/ou continente (típica de interligação do interior), pois é a navegação praticada em rios. A exemplo do marítimo, também pode haver transporte de qualquer carga e com navios de todos os tipos e tamanhos, desde que a via seja navegável e os comporte.

É um modal em franco desenvolvimento no Brasil, onde grandes investimentos têm sido realizados, já permitindo a navegação internacional, e um grande exemplo é a hidrovia Tietê/Paraná, que juntamente com o Rio Paraguaio dá condição de se unir por águas interiores todo o Mercosul. Esta hidrovia tem aproximadamente 7.000 quilômetros, o que equivale praticamente à costa marítima brasileira.[9]

A navegação fluvial, apesar de comportar qualquer tipo de navio, o que mais predomina são as barcaças, salvo nos grandes rios, como é o caso do o Rio Amazonas, que permite o embarque de navegações de grande porte, principalmente para o transporte de soja, petróleo, combustíveis, minérios, bem como os produtos oriundos da Zona Franca de Manaus. Os rios navegáveis mais conhecidos são:

- No Norte: Amazonas, Madeira, Rio Negro, Solimões e outros.
- No Norte/Centro Oeste: Rio Araguaia e Tocantins.
- No Nordeste: Rio Parnaiba e São Francisco.
- No Sudeste/Sul: RioTietê/Paraná/Paraguai.

3) Lacustre

A navegação lacustre é aquela realizada em lagos e tem como característica principal a ligação de cidades e países circunvizinhos. É um tipo de transporte bastante restrito em face de existirem poucos lagos navegáveis.

4) Terrestre: rodoviário e ferroviário

- Em virtude da grande manipulação de carga, este modal de transporte é o que oferece menor segurança quanto a roubos, furtos, avarias e perdas.

---

9 Keedi, 2001, p. 31.

- É necessária a conjugação de outros modais de transporte para alcançar o destino final da mercadoria. Este fato também onera o custo total da cadeia de distribuição física.

13.3 – Os Tipos de Navios

Em face da grande diversidade de cargas que foram sendo objeto de transporte, tanto nacional como internacional, vários tipos de navios foram criados e construídos pela engenharia naval para atender a estas necessidades, destacando-se:

Reefer (frigorífico): é um tipo de navio semelhante ao convencional de cargas secas, porém com porões devidamente equipados com maquinários para refrigeração e transporte de carga frigorífica ou perecível, tais como carnes, sucos, frutas, verduras etc.

Bulk carrier (graneleiros): consistem em navios especializados no transporte de carga sólida a granel. Nesta categoria colocamos os produtos agrícolas.

Fullconteinership (navio contêiner): é um tipo de navio especializado no transporte de contêiner. Comportando todos os tipos, como *dry*, *reefer*, *tanks*, plataforma etc.

Rollon / Rolloff (navio para transporte de veículos), atualmente também adaptado para transporte de contêineres.

Ore carrier: navio especializado no transporte de cargas minerais como: minério, cimento, bauxita etc.

General cargo: navio que pode transportar qualquer tipo de carga, desde que haja condições para isso.

Graneleiro líquido: navio especializado no transporte de carga líquida, como: petróleo e produtos químicos.

13.4 – Vantagens e Desvantagens dos Transportes Rodoviários

Vantagens:

- Custo do frete relativamente baixo;
- Serviços "porta a porta", evitando custos e riscos de manuseio;
- Relativamente rápido, podendo dar pronta resposta às necessidades dos compradores;
- Segurança da carga, devido ao pouco manuseio e à presença do motorista do veículo, que se torna um supervisor da carga;
- Redução do custo de embalagens e rotulagem;
- Processo de despacho aduaneiro relativamente rápido.

Desvantagens

- Não pode ser usado para grandes quantidades de mercadorias;
- Não deve ser usado para longas distâncias;
- Está sujeito a congestionamentos nas estradas, principalmente nos pontos de fronteira, atrasando a entrega da carga.

13.5 – As Vantagens e Desvantagens dos Transportes Ferroviários

Vantagens

O transporte ferroviário é composto basicamente por locomotivas e vagões, tendo a capacidade de agrupar vários vagões ou dezenas deles em uma mesma unidade, formando uma única composição capaz de transportar várias toneladas de mercadorias e criar espaços para outras tantas, além do frete ser relativamente baixo em relação aos outros tipos de transportes.

Desvantagens

Este tipo de transporte traz algumas desvantagensocasionadas pela sua baixa velocidade e pela sua rota específica, ou seja, **não permite alteração de rota, necessitando dividir suascargas com outros modais para que possa atingir o destino final da mercadoria.**

13.6 – As Vantagens e Desvantagens dos Transportes Aéreos

O transporte aéreo é uma atividade que envolve com facilidade vários países, devido à velocidade do meio utilizado. O princípio seguido é o mesmo, tanto para cargas nacionais (transporte doméstico ou cabotagem), quanto para as cargas internacionais (operações de comércio exterior), baseado em normas da IATA (*International Air TransportAssociation*) e em acordos e convenções internacionais.

As diferenças no transporte das cargas nacionais e internacionais ocorrem devido às condições típicas regionais, entretanto são sempre semelhantes nos conceitos básicos de segurança, ética e operacionalidade. As reservas podem ser feitas apenas para um espaço na aeronave, para transporte de determinada carga, ou para o espaço total, ou ainda para afretamento de aviões cargueiros destinados a tal finalidade, sendo realizadas pelos expedidores diretamente com a companhia aérea ou através de um agente de carga.

- O Ministério da Aeronáutica é responsável pela administração e construção de aeroportos no Brasil e controle dos armazéns de carga.

O transporte aéreo comercial de carga é sempre documentado através de Conhecimento Aéreo, que, a exemplo dos demais modais, é o documento mais importante do transporte. O Conhecimento tanto pode ser um Conhecimento Aéreo da companhia quando do próprio transportador e identificado como tal, com menção do número do transportador, ou ser um Conhecimento neutro, quando é do agente de carga, e, portanto, não há identificação do transportador, podendo ser utilizado para embarque em qualquer companhia aérea. Poderá ser um Conhecimento que cubra uma carga transportada por várias empresas, ou um Conhecimento Aéreo direto, que cobre a carga do ponto de partida até o destino final.

AWB e, portanto, por eventuais danos sofridos pelo transportador em face de irregularidades, incorreções ou omissões no AWB (*Air Way Bill*).Para estabelecer os fretes, as empresas aéreas atentam para a rentabilidade da linha nos dois sentidos. Os fretes são considerados do aeroporto de partida ao aeroporto de destino e não incluem despesas de carreto e de liberação para embarque e desembarque.

Vantagens:

- Trata-se do modal de transporte mais veloz, permitindo uma resposta rápida do exportador às demandas dos clientes;
- Menor custo de reposição de estoques por parte dos importadores, devido à rapidez do atendimento;
- Atendimento a praticamente todas as regiões do mundo.

Desvantagens:

- Restrições a grandes quantidades de carga, quer em termos de volume ou de peso;
- Frete mais caro relativamente aos demais modais de transporte, inviabilizando o transporte de cargas de baixo valor agregado;
- Limitações a cargas perigosas;
- Conjugação com outros modais de transporte para alcançar o destino final da mercadoria.

No entanto, estamos nos referindo a logística de transporte na comercialização interna, mas o comércio internacional está cada vez mais inserido no contexto mundial, o que significa a expansão de fronteiras e as perspectivas de novos mercados, novos consumidores e a internacionalização dos seus produtos. Assim, diante de algumas facilidades inerentes ao processo de exportação, como um meio de aumentar as exportações e o crescimento do PIB, principalmente com a criação dos consórcios de exportação para pequenas e médias empresas, bem como os centros internacionais de negócios.

Parte Quatorze:

As Vantagens do Comércio Internacional

14.1 – Os Principais Passos Rumo às Exportações de Mercadorias

Segundo o *Manual de Exportação Passo a Passo*, elaborado pelo Departamento de Promoção Comercial (DRP) do Ministério das Relações Exteriores e registrado no Escritório de Direitos Autorais da Fundação Biblioteca Nacional (Registro número 200.732, Livro 346, folha 392), existem inúmeras vantagens para as empresas que desejam exportar os seus produtos para outros países, como:

- **Maior produtividade** – exportar implica aumento da escala de produção, que pode serobtida pela utilização da capacidade ociosa da empresa e/ou pelo aperfeiçoamento dos seusprocessos produtivos; a empresa poderá, assim, diminuir o custo de seus produtos, tornando-osmais competitivos, e aumentar sua margem de lucro;
- **Diminuição da cargatributária** –a empresa pode compensar o recolhimento dos impostosternos, via exportação:

a) Os produtos exportados não sofrem a incidência do Imposto sobre ProdutosIndustrializados (IPI);

b) O Imposto sobre a Circulação de Mercadorias e Serviços (ICMS) tampouco incide sobreoperações de exportação de produtos industrializados, produtos semielaborados,produtos primários ou prestação de serviço;

c) Na determinação da base de cálculo da Contribuição para Financiamento daSeguridade Social (COFINS), são excluídas as receitas decorrentes da exportação;

d) As receitas decorrentes da exportação são também isentas da contribuição para oPrograma de Integração Social (PIS) e para o Programa de Formação do Patrimôniodo Servidor Público (PASEP); e

e) O Imposto sobre Operações Financeiras (IOF) aplicado às operações de câmbiovinculadas à exportação de bens e serviços tem alíquota zero.

- **Redução da dependência das vendas internas** – a diversificação de mercados (interno eexterno) proporciona à empresa maior segurança contra as oscilações dos níveis da demanda
- interna;
- **Aumento da capacidade inovadora** – as empresas exportadoras tendem a ser maisinovadoras que as não-exportadoras; costumam utilizar número maior de novos processos defabricação, adotam programas de qualidade e desenvolvem novos produtos com maiorfrequência;
- **Aperfeiçoamento de recursos humanos** – as empresas que exportam se destacam naárea de recursos humanos: costumam oferecer melhores salários e oportunidades detreinamento a seus funcionários;
- **Aperfeiçoamento dos processos industriais** (melhoria na qualidade e apresentação doproduto, por exemplo) **e comerciais** (elaboração de contratos mais precisos, novos processosgerenciais, etc.) – a empresa adquire melhores condições de competição interna e externa;
- **Imagem da empresa** –o caráter de "empresa exportadora" é uma referência importantenos contatos da empresa, no Brasil

e no exterior; a imagem da empresa fica associada amercados externos, em geral mais exigentes, com reflexos positivos para os seus clientes efornecedores.

Em resumo, a exportação assume grande relevância para a empresa, pois é o caminho maiseficaz para garantir o seu próprio futuro em um ambiente globalizado cada vez maiscompetitivo, que exige das empresas brasileiras plena capacitação para enfrentar aconcorrência estrangeira, tanto no Brasil como no exterior.

Para o Brasil, a atividade exportadora tem também importância estratégica, pois contribui paraa geração de renda e emprego, para a entrada das divisas necessárias ao equilíbrio das contasexternas e para a promoção do desenvolvimento econômico.

14.2 – A Internacionalização da Empresa

A internacionalização da empresa consiste em sua participação ativa nos mercados externos.Com a eliminação das barreiras que protegiam no passado a indústria nacional, ainternacionalização é o caminho natural para que as empresas brasileiras se mantenhamcompetitivas. Se as empresas brasileiras se dedicarem exclusivamente a produzir para omercado interno, sofrerão a concorrência das empresas estrangeiras dentro do próprio país.Por conseguinte, para manter a sua participação no mercado interno, deverão se modernizar esetornar competitivas em escala internacional. A atividade exportadora, contudo, não é isentade dificuldades, inclusive porque o mercado externo é formado por países com idiomas,hábitos, culturas e leis muito diversas, dificuldades essas que devem ser consideradas pelasempresas que se preparam para exportar.

As empresas podem participar do mercado internacional de modo ativo e permanente, ou demaneira eventual. Em geral, o êxito e o bom desempenho na atividade exportadora são obtidospelas empresas que se inseriram na atividade exportadora como resultado de um**planejamento estratégico**, direcionado para os mercados externos.

14.3 – Etapas da Internacionalização da Empresa

As empresas podem ser classificadas segundo as seguintes categorias, as quais revelam asetapas do caminho a ser percorrido até se transformarem em **exportadoras ativas**:

- **Não interessada:** mesmo que eventualmente ocorram manifestações de interesse porparte de clientes estabelecidos no exterior, a empresa prefere vender exclusivamente nomercado interno;
- **Parcialmente interessada:** a empresa atende aos pedidos recebidos de clientes noexterior, mas não estabelece um plano consistente de exportação;
- **Exportadora experimental:** a empresa vende apenas aos países vizinhos, pois osconsidera praticamente uma extensão do mercado interno, em razão da similaridade doshábitos e referências dos consumidores, bem como das normas técnicas adotadas;
- **Exportadora ativa:** a empresa modifica e adapta os seus produtos para atender aosmercados no exterior – a atividade exportadora passa a fazer parte da estratégia, dos planos edo orçamento da empresa.

14.4 – Considerações Importantes

As empresas brasileiras interessadas em transformar-se em **exportadoras ativas** devem ter,entre outros, os seguintes cuidados:

a. para a conquista do mercado internacional, as empresas não devem considerar aexportação como uma atividade esporádica, ligada às flutuações do mercado interno – parcelade sua produção deve ser sistematicamente destinada ao mercado externo;

b. a empresa exportadora deverá estar em condições de atender sempre às demandasregulares de seus clientes no exterior;

c. a concorrência internacional é derivada, entre outros fatores, da existência de maiornúmero de exportadores do que de importadores, no mundo – outros fornecedores potenciaisestarão buscando conquistar os mercados já ocupados pelas empresas brasileiras;

d. os exportadores brasileiros devem saber utilizar plenamente os mecanismos fiscais efinanceiros colocados à sua disposição pelo Governo, a fim de aumentar o grau decompetitividade de seus produtos; e

e. todas as comunicações recebidas de importadores externos devem ser respondidas,mesmoque, em um determinado momento, o exportador não tenha interesse ou condições deatender aos pedidos recebidos – o bom diálogo com os importadores, tanto efetivos comopotenciais, prepara o campo para vendas futuras.

14.5 – Tipos de Exportações

1– Exportação direta: consiste na operação em que o produto exportado é faturado pelo próprioprodutor ao importador.

2– Exportação indireta: é realizada por intermédio de empresas estabelecidas no Brasil, queadquirem produtos para exportá-los.

3 – Consórcios de exportação: apesar de bem sucedidos em vários países, os consórcios de exportação encontram-se emfase crescente de desenvolvimento no Brasil. Trata-se de associações de empresas, queconjugam esforços e/ou estabelecem uma divisão interna de trabalho, com vistas à redução decustos, aumento da oferta de produtos destinados ao mercado externo.

4 – Intermediários de exportação:existem também as *trading company(ies)* que apenas fazem a ponte entre os produtores e os consumidores internacionais, recebendo um percentual sobre o valor da transação, ficando toda a responsabilidade por conta do fabricante dos produtos, objetos da exportação. Estes intermediários, também conhecidos como agentes internacionais, têm como principal objetivo procurar e buscar mercados interessados em determinados produtos, conciliando vantagens e benefícios para as partes envolvidas na negociação.

14.6 – Práticas Comerciais nas Exportações (Incoterms)

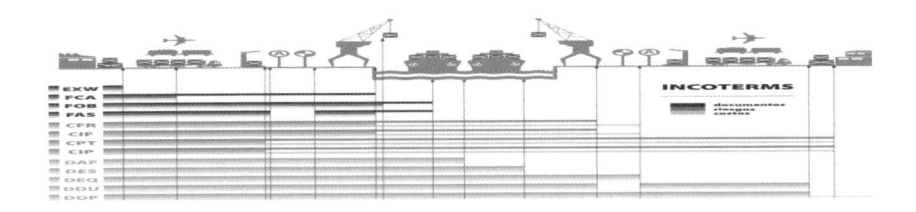

Os Incoterms dizem respeito às modalidades e tomada de decisão quanto ao nível de riscos, obrigações e responsabilidades relacionadas com o transporte de mercadorias. Para definir claramente a divisão dos custos e riscos entre o exportador e o importador durante a fase de transferência física da mercadoria, foram estabelecidas, em 1936, os Incoterms–*InternationalCommercialTerms* (Termos Comerciais Internacionais) pela CCI – Câmara de Comércio Internacional.

O exportador de pequenos lotes deve conhecer os detalhes dos treze termos dos Incoterms da versão 2000, a fim de estabelecer o seu preço de exportação e definir o nível de responsabilidade que deseja assumir em cada negociação; além disso, os exportadores de pequenos lotes devem observar que:

- as empresas, ao iniciarem o seu processo de exportação, devem assumir os menores riscos e responsabilidades em termos de custos, virtude de sua pouca experiência no gerenciamento da cadeia de distribuição física internacional;
- em geral, em função do reduzido volume da carga transacionada, os exportadores de pequenos lotes não têm condições de barganhar reduções nos custos de transporte, seguros, armazenagem e manuseio na cadeia de DFI. Por outro lado, na maioria das vezes, o importador tem experiência e/ou volume de carga, em virtude de aquisições feitas a outros fornecedores, para melhor gerir a cadeia de logística. Neste caso, é interessante que o exportador utilize o termo do Incoterms que lhe impute os menores custos e riscos na transferência física da mercadoria;
- Cabe lembrar que, devido à grande diversidade de usos e costumes nos portos e nas alfândegas, os Incoterms sofrem adaptações. Alguns termos sequer podem ser utilizados diante das especialidades da legislação aduaneira vigente em alguns países.

O local em que ocorre a transferência de responsabilidades entre o importador é chamado de ponto crítico. Cada termo dos Incoterms apresenta dois pontos críticos:

- Custos;
- Riscos.

Ambos podem estar no mesmo local ou pontos diferentes no processo de transferência física da mercadoria do exportador para o importador.Os Incoterms são termos comerciais padronizados, de reconhecimento e aplicação internacional. Na condição de termos comerciais, eles dividem as responsabilidades entre o vendedor e o comprador, não tendo qualquer relação com a contração dos serviços (transportes, seguros, despesas portuárias e aeroportuárias etc.) necessários para a transferência física da mercadoria.

Ao utilizar um dos Incoterms, o exportador deve defini-lo geograficamente, mencionando, após sua sigla, o local em que se dará a transferência física da mercadoria. Os trezes Incoterms, descritos a seguir, buscam mostrar, do ponto de vista logístico, as responsabilidades e os riscos enfrentados pelo exportador no processo de negociação internacional

- **EXW** – *Exworks* **(venda na origem)**

O vendedor transfere a responsabilidade por custos e riscos para o comprador quando da colocação da mercadoria em suas instalações (armazém, fábrica, fazenda, mina), mas não assume a incumbência do carregamento da mercadoria no veículo controlado pelo comprador, a menos que haja acordo em contrário. Todos os custos e riscos a partir deste momento ocorrem por conta do comprador, inclusive todas as formalidades de despacho aduaneiro da exportação.

- **FAS** – *Freealongsideship* **(livre ao costado do navio)**

O comprador assume todos os custos e riscos a partir do momento que vendedor coloca a mercadoria ao costado do navio, no cais ou em barcaças (se o navio não atracar),no porto de embarque.O termo FAS impõe ao exportador os trâmites aduaneiros de exportação. Este termo, conforme refletido na sigla que o identifica, só pode ser utilizado quando o transporte da mercadoria é efetuado por via marítima.

- **FOB** – *Free on board* (livre a bordo)

O ponto de transferência da responsabilidade entre o vendedor e o comprador ocorre quando o vendedor entrega a mercadoria ao transportador nomeado pelo comprador. Este termo é utilizado em todos os modais de transporte, podendo o local de entrega da mercadoria ser um terminal aéreo, rodoviário ou ferroviário.

- **F ▶CA** – *Freecarrie*(local combinado)

O termo FCA significa que a responsabilidade do vendedor termina quando o mesmo entrega a mercadoria nos domínio do comprador; também pode ser utilizado no modal marítimo, principalmente quando do transporte em navios do *tipo Roll-On/Roll-Off* ou *Fullconteiner*. Nesses casos, a carga deve ser entregue ao armador no seu próprio terminal ou no terminal de contêiner do porto de embarque. Como podemos notar, no processo de carregamento desse tipo de navio, não fica caracterizado o momento em que a mercadoria cruza a amurada, fato necessário para configurar uma perfeita divisão de responsabilidades no termo FOB. Daí o uso do termo FCA.

- **CFR** – *Costandfreight* (custo e frete)

O termo CFR impõe ao vencedor o custo do frete marítimo até o porto de destino, porém os riscos de danos e perdas da carga se transferem do vendedor para o comprador no momento em que a mercadoria cruza a amurada do navio, no porto de embarque.

- **CPT** – *Carriagepaidto* (transporte pago até)

Esse termo deve ser usado principalmente nas vendas que se utilizam transporte por via aérea, rodoviária e ferroviária. Pode ser utilizado também para vendas que utilizam o transporte marítimo, mas seu uso, nessa modalidade, está restrito aos casos em que não for possível configurar a passagem da carga pela amurada do navio, por ocasião de seu embarque. É o caso do transporte em navios *Roll-On/Roll-Off* ou *Full-Conteiner*.

Nesse termo, os pontos críticos de custo e risco localizam-se em elos diferentes da cadeia de distribuição física da mercadoria: o vendedor paga o frete até destino previamente designado, porém os riscos sobre a carga se transferem dele para o comprador no momento em que a carga é entregue à custódia do transportador, no país de origem.

- **CIF –*Cost, insurance and freight* (custo, seguro e frete)**

No termo CIF, o vendedor se responsabiliza pelos custos do frete marítimo e do seguro da carga até o ponto de destino. No entanto, sua responsabilidade termina no momento em que a mercadoria cruza a amurada do navio, no porto de embarque.

- **CIP –*Carriageandinsurancepaidto* (transporte e seguro pagos até)**

Esse termo impõe ao vendedor a contratação e o pagamento dos custos do frete internacional e do seguro do transporte até um ponto designado do país do comprador. Os riscos de perdas e danos da mercadoria cessam no momento em que o vendedor entrega a carga à custódia do transportador, em local no país do vendedor. Esse termo se aplica às vendas cujo transporte ocorre por via aérea, rodoviária, ferroviária ou, inclusive, marítima, desde que os embarques ocorram em navios **Roll-On**, **Roll-Off** ou **Fullconteiner**.

- **DES –*Deliveredexship* (entregue no navio)**

Esse termo impõe ao vendedor todos os custos e riscos de perdas e danos da carga até a mercadoria ficar à disposição do comprador a bordo do navio no porto de destino. Nessa situação, não é obrigatória a contratação do seguro de transporte. Porém, para minimizar os riscos, o exportador pode contratar o seguro de transporte, sendo ele próprio beneficiário do mesmo.

Os custos e as formalidades de importação são arcadas pelo comprador, inclusive os riscos de descarregamento da carga. O termo DES só deve ser empregado em vendas cujo transporte for via marítima.

- **DAF – *Deliveredatfrontier* (entregue na fronteira)**

Nesse termo, o vendedor deverá colocar a mercadoria à disposição do comprador em um ponto designado na fronteira, porém antes da divisa alfandegária do país limítrofe. O vendedor deverá ter cumprido todas as formalidades de exportação, licenciamento e despacho aduaneiro, estando, portanto, a mercadoria livre e desembaraçada.

No caso brasileiro, o desembaraço poderá ocorrer na fronteira, sendo necessário que o exportador constitua ali um despachante aduaneiro. Se o despacho ocorrer na origem, a mercadoria deverá seguir em trânsito aduaneiro até a fronteira, onde sofrerá apenas uma verificação para certificação da integridade dos lacres e/ou outra forma de controle aduaneiro. Esse termo é utilizado nas vendas para países vizinhos, cujo transporte internacional é realizado por via rodoviária ou ferroviária.

- **DEQ** – *Deliveredexquay* (entregue a partir do cais)

Significa que o vendedor deve colocar a mercadoria à disposição do comprador no cais do porto de destino combinado sem estar desembaraçada par a importação. O termo DEQ exige que o comprador desembarace a mercadoria para a importação e pague as despesas referentes às formalidades alfandegárias, assim como taxas, impostos e outros encargos exigidos na importação.

- **DDU** – *Delivereddutyunpaid* (entregue com os direitos não pagos)

Esse termo requer do vendedor não apenas a colocação da mercadoria no local de destino designado no país do comprador, como também a responsabilidade por todos os custos e riscos de perdas e danos eventuais. O pagamento dos impostos e taxas oficiais no país do comprador será, no entanto, de responsabilidade desse último. As formalidades de licenciamento de despacho aduaneiro correrão por conta e risco do vencedor.

- **DDP** –*Delivereddutypaid* (entregue com direitos pagos)

Sob esse termo, o vendedor deve arcar com os custos e os riscos de perdas e danos, ao colocar a mercadoria à disposição do comprador em um designado no país deste.

Em termo pode ser empregado em vendas cujo trânsito ocorra em qualquer modal de transporte. Da mesma forma que nos termos DEQ e DDU, o DDP impõe ao vendedor os riscos e os custos do licenciamento e do despacho aduaneiro no país do comprador. Não se deve utilizar esse termo caso o vendedor não possa proceder às formalidades de importação imposta pela legislação do país do comprador. O DDP é o termo que impõe maior responsabilidade ao vendedor. Os custos e riscos do descarregamento do veículo deverão ser de responsabilidade do comprador.

Parte Quinze:

As Embalagens e suas Finalidades

15.1 – Os Objetivos das Embalagens

Embalar um produto significa dar-lhe forma para sua apresentação, proteção, movimentação e utilização, a fim de que possa ser comercializado e manipulado durante todo o seu ciclo de vida, desde o seu início, no momento da sua produção, até o final (tanto como produto de consumo final como intermediário). A embalagem precisa ser idealizada, levando-se em conta que uma mercadoria deverá passar por três fases de manuseio, quando comercializada, quais sejam:

- No local de produção, quando será embalada e armazenada;
- No transporte, quando sofrerá os efeitos do seu deslocamento de um ponto a outro, incluindo os transbordos;
- No seu destino final, quando terá outras manipulações.

As embalagens podem ter os mais variados tamanhos e formatos e ser constituída de vários tipos de materiais, como plástico, alumínio, papel e papelão, PET, polietileno etc. A embalagem necessita ser apropriada para a proteção da mercadoria contra perecimento, queda, choque, roubo, avaria, corrosão, contaminação, deterioração, umidade, ação do tempo, absorção de odores estranhos, entre outros, durante toda a sua vida útil, e ser adequada para suportar os vários manuseios que irá sofrer, desde a produção até o consumo final, passando pela armazenagem e transporte, assegurando as características originais do produto.

Tipos de Embalagens

Quando da concepção de um produto, seja ele destinado à exportação ou ao mercado interno, deve-se levar em conta que a embalagem necessita ser dimensionada para qualquer modal de transporte (único ou combinado), distância, condição das estradas, locais de embarque e desembarque, diversos manuseios, armazenagem em condições adversas e atender às exigências de proteção ao meio ambiente. Além disso, deve ser adequada a cada produto, como por exemplo, produtos perecíveis, perigosos, venenosos, corrosivos, normais, líquidos, sólidos, gasosos, pastosos, apresentação individual ou em grupo etc. Um dos grandes motivos de perda ou avaria nas mercadorias durante a armazenagem, manuseio e transporte, é a concepção da embalagem, que pode ser inadequada para determinado produto ou não atender aos requisitos mínimos de proteção e segurança. Algumas mercadorias não necessitam de embalagens e outras somente de pequenos detalhes, como máquinas, que nem sempre são embaladas e que podem ter apenas uma base de madeira para sua proteção e amparo. É importante considerar o volume que a mercadoria terá depois de embalada.

Uma embalagem adequada e mais resistente também pode reduzir os custos com o seguro, em face da maior proteção que dá à mercadoria.

Fatores que Podem Afetar as Embalagens

No momento da definição das embalagens para as mercadorias, deve-se atentar para diversos fatores no seu transporte, que poderão afetá-las das mais diversas maneiras. A embalagem tem de ser projetada para suportar toda a sorte de intempérie, bem como problemas específicos inerentes a cada tipo de produto. As cargas sem uma embalagem adequada e segura poderão vir a sofrer as consequências dos movimentos experimentados pelos modais de transporte. Deve-se observar que a mercadoria dependendo da distância, sofrerá problemas climáticos, enfrentando mudanças bruscas de temperatura, bem como toda sorte de problemas enquanto estiver no veículo transportador, já que estará enfrentando movimentos, sendo colocada em situações desfavoráveis em relação à situação de repouso, ou seja, quando está armazenada e sem manipulação, tais como vibrações, más condições das estradas etc.

Carga Paletizada

Consiste no agrupamento de volumes sobre uma plataforma de madeira, aço, alumínio ou outro material resistente, visando ao suporte da carga à movimentação por meio de empilhadeiras, esteiras de roletas ou colchões de ar, bem como a um perfeito içamento e empilhamento nos veículos e nos locais de armazenagem. Qualquer carga adaptável fisicamente a um *pallet* pode, em princípio, ser paletizada.

15.2 – As Vantagens e Desvantagens das Embalagens

Vantagens:

- Redução de perdas, roubos e avarias;
- Redução na utilização de mãodeobra empregada na movimentação da carga, seja nas reduçõesnos custos de transporte e armazenagem em face do menor custo de manuseio;
- Aumento da capacidade das instalações de estocagem, graças às maiores alturas de empilhamento;
- Redução do custo de rotulagem e marcação dos volumes.

Desvantagens:

- O peso próprio da plataforma e o volume da mesma podem aumentar o valor do frete, se os transportadores não estabelecem franquias;
- Possíveis espaços perdidos dentro da unidade de carga;
- Investimentos na aquisição de equipamentos de movimentos dos *pallets*.

1) Carga conteinerizada

O contêiner é um equipamento de transporte de dimensões padronizadas, utilizado para a consolidação ou reunião de peças isoladas, e possui as seguintes características básicas:
- Tem caráter permanente e é resistente para suportar o seu uso repetitivo;

- É projetado de forma a facilitar sua movimentação em uma ou mais modalidades de transporte, sem necessidade de descarregar a mercadoria em pontos intermediários;
- Permite fácil enchimento e esvaziamento;
- Permite o transporte multimodal.

Vantagens:

- Redução de custo de embalagens;
- Redução de perdas, roubos e avarias da carga; redução de mão de obra empregada na movimentação da carga nas dependências do exportador e do importador;
- Redução dos custos de manuseio nos portos;
- Menor custo de seguro.

Desvantagens:

- Espaços perdidos dentro dos contêineres (ver fator de quebra de estiva);
- Custos com o aluguel do contêiner;
- Pagamento da taxa pelo uso do contêiner, quando este ficar à disposição por prazo superior ao permitido;
- Custos da ovação e da peação da carga;
- Custos de reparos e de reposição dos contêineres quando as avarias ocorrerem durante o período em que estiverem sob responsabilidade do fornecedor.

15.3 – Resumo sobre as Embalagens

A embalagem está relacionada com um conjunto de atividades de projeto e produção do recipiente ou envoltório de um produto. Ela pode incluir até três tipos de materiais:

1. Embalagem primária: por exemplo, frasco;
2. Embalagem secundária: por exemplo, caixa de papelão com 12 frascos;
3. Embalagem de remessa: por exemplo, uma caixa maior com 4 caixas de papelão.

Existem, ainda, dois tipos de embalagem: a de transporte e a de consumo.

15.4 – Exemplos de Embalagens e suas Aplicações

- Papel cartão: sacos de papel, cartuchos, caixas, recipientes de fibra de papel etc. Embalam produtos químicos, farmacêuticos, materiais de construção, alimentos, eletrodomésticosetc;
- Papelão ondulado: caixas. Embalam produtos químicos, farmacêuticos, alimentos, bebidas, eletrodomésticos, produtos para exportação, maquinariaetc;
- Metal: latas metálicas, bisnagas de alumínio, tambores. Embala produtos químicos, farmacêuticos, alimentos, bebidas, cosméticosetc;
- Vidro: garrafas e potes. Embala produtos químicos, farmacêuticos, alimentos, bebidas, cosméticosetc;
- Plástico: garrafas, potes, caixas, cestas, bisnagas. Embala produtos químicos, farmacêuticos, alimentos, bebidas, cosméticosetc;
- Madeira: caixas de engradados para bebidas e frutas. Embala produtos químicos, materiais de construção, exportação, maquinariaetc;
- Têxteis: sacarias de juta, de algodão, de fibras sintéticas. Embala alimentos;
- Materiais flexíveis: envoltório de papel de celofane, de filmes metálicos. Embala produtos químicos, alimentos, cosméticos.

O rótulo: os fabricantes devem rotular os produtos. O rótulo pode ser uma simples etiqueta presa ao produto ou um projeto gráfico elaborado, que faça parte da embalagem. O rótulo pode trazer apenas o nome da marca ou conter bastante informação. Mesmo que o fabricante prefira um rótulo simples, a lei pode exigir informações adicionais.

Movimentos de consumidores fizeram pressão para sancionar leis que exigissem **datação aberta** (para descrever a validade do produto); **preço unitário** (para atestar o custo do produto em unidades de medida-padrão); **rotulagem por classe** (para avaliar o nível de qualidade); e **rotulagem de porcentagem** (para mostrar a porcentagem de cada ingrediente importantena composição).

15.5 – As Embalagens no Transporte de Produtos Perigosos

De acordo com o Decreto 96.044/88, que regulamenta o transporte rodoviário de produtos perigosos, as embalagens utilizadas no manuseio de produtos que ofereçam algum tipo de risco ou perigo a saúde do ser humano, não podem e não devem apresentar sinais de mau estado de conservação, principalmente aqueles destinados a pontos muito distantese que requer viagens longas ou demoradas. Portanto, toda e qualquer embalagem destinada ao acondicionamento de produtos perigosos, deve conter informações sobre o tipo de produto, o tipo de perigo que o mesmo oferece e os principais cuidados que o condutor deve tomar para que possa minimizar os riscos decorrentes do seu manuseio e transporte.

Assim, o fabricante transportador de produtos perigosos deve planejar uma rota segura, isto é, o itinerário deve ser programado de forma a evitar o transporte desse produto em vias de grande fluxo de trânsito, principalmente em horários de maior intensidade de tráfego. O transportador também deve evitar o uso de vias que estejam próximas a áreas de grandes densidades populacionais, ou de proteção de mananciais, reservatórios de água, reservas florestais ou ecológicas etc. O que, de acordo com o grau de risco apresentado, as autoridades com jurisdição sobre essas vias, poderão determinar restrições ao seu uso, sinalizando trechos restritos e assegurando percursos alternativos. No entanto, os mesmos procedimentos, ou precauções na utilização de vias, também servem para o estacionamento dos veículos transportadores de cargas perigosas, salvo se o caso for emergencial. Portanto, o transportador de produtos perigosos, além de sua qualificação e habilitações previstas na legislação de trânsito, o mesmo deverá receber os treinamentos específicos de sua função, além da obrigatoriedade do uso de equipamentos destinados a sua proteção, bem como, os equipamentos de sinalização e isolamento da área, no caso de avaria da carga, ou problemas com o veículo transportador.

15.6 – Termos Empregados no Transporte Terrestre de Produtos Perigosos

De acordo com a Associação Brasileira de Normas Técnicas, através da NBR 7501:2005, os termos mais comuns empregados no manuseio e transporte de produtos perigosos, são:

Agente extintor: produto utilizado para extinção do fogo.

Almofada: dispositivo de material impermeável e antifaiscante que não é atacado pelo produto transportado e que se molda à superfície do recipiente.

Armazenamento temporário no decorrer do transporte: armazenamento ocorrido entre a saída do produto do expedidor e sua entrega ao destinatário.

Asfixiante: gás não tóxico que pode causar inconsciência ou morte pela redução da concentração de oxigênio ou pela total troca de oxigênio no ar.

Artigo explosivo: produto que contém uma ou mais substâncias explosivas.

Avaliação de emergência: observação da unidade de transporte e das adjacências imediatas, visando a verificar e avaliar a iminência de uma emergência e a possibilidade de seu controle.

Baia: local demarcado para estacionamento de veículo.

Bitrem: combinação de três equipamentos acoplados:
- um caminhão-trator (CT) trucado (ou seja, com 3º eixo);
- um semirreboque dianteiro, acoplado à 5ª roda do CT acima e com a infraestrutura prolongada na traseira, de modo a permitir a instalação de uma outra 5ª roda sobre ela, à qual deve ser acoplada;
- um semirreboque traseiro. Ambos os semi-reboques têm suspensão de dois eixos (peso bruto total combinado (PBTC) = 57 ton).

Bitrenzão: bitrem com suspensão de três eixos nos semirreboques, caminhãotrator traçado e PBTC = 74 ton.

Boca-de-visita: abertura destinada a permitir o acesso ao interior do tanque de carga, podendo também ser utilizada como conexão para enchimento. Deve ser provida de tampa com meios apropriados de vedação, estanque à pressão de trabalho, de abertura rápida ou não.

Canaleta de contenção: dispositivo destinado a conter parte ou todo o produto vazado do(s) veículo(s) estacionado(s) na baia que circunda.

Canaleta de drenagem: dispositivo destinado a receber o produto da canaleta de contenção e a realizar a drenagem para o tanque de contenção.

Capacidade extintora: medida do poder de extinção de fogo de um extintor, obtida em ensaio prático segundo normas específicas.

Carga a granel: produto que é transportado sem qualquer embalagem, sendo contido apenas pelo equipamento de transporte (tanque, vaso, caçamba ou contêinertanque).

Carga embalada: produto que, no ato de carregamento, descarregamento ou transbordo do veículo transportador, é manuseado juntamente com o seu recipiente (embalagem).

Compartimento: cada um dos espaços estanques de um tanque de carga, destinado a conter e medir líquidos.

Conjunto: veículo contendo um tanque de carga sobre seu chassi.

Contêiner: receptáculos especiais concebidos e equipados para serem transportados em um ou mais meios de transporte (transporte intermodal). São providos de dispositivos (ganchos, anéis, suportes, roldanas etc.) para facilitar a movimentação da carga a bordo do veículo. São de construção sólida para permitir o uso repetido. Prestam-se ao transporte portaaporta de mercadorias, sem troca de embalagem desde o ponto de partida até o local de chegada.

Contêiner-tanque: tanque de carga envolvido por uma estrutura metálica de suporte, contendo dispositivo de canto para fixação deste ao chassi portacontêiner, podendo ser transportado por qualquer modo de transporte, identificado na nota fiscal.

Corrosivo: substância que, por ação química, causa severo dano quando em contato com tecidos vivos, ou, em caso de vazamento, danifica ou mesmo destroi outra carga ou o próprio veículo, podendo apresentar também outros riscos.

Criogênico: substância que se torna liquefeita quando refrigerada a temperaturas inferiores a 150°C.

Descontaminação: processo que consiste na remoção física dos contaminantes ou na alteração de suanatureza química para substâncias inócuas.

Desvaporização: remoção dos gases ou vapores inflamáveis do interior de um tanque.

Dispersão de vapor: movimento de uma nuvem no ar devido à ação do vento e da densidade do produto.

Documento de controle ambiental: documento emitido por órgão ambiental, que permite conhecer econtrolar a forma de destinação dada pelo gerador, transportador e receptor dos resíduos.

Documento de controle de resíduos perigosos: documento emitido pelo gerador quando não houver odocumento de controle ambiental, que permite conhecer e controlar a forma de destinação dada pelo gerador, transportador e receptor dos resíduos perigosos.

Embalagem: recipiente e qualquer outro componente ou material necessário para que o recipientedesempenhe sua função de contenção.

Embalagem confiada ao transporte: aquela destinada ao transporte. São enquadradas nesta definição:
a) quaisquer embalagens, em especial as de pequenas dimensões, como latas, frascos, bombonasetc. Colocadas no interior de uma embalagem confiada ao transporte, como caixas de papelão, de madeira,engradado etc;
b) quaisquer embalagens transportadas sobre paletes, quando agrupadas por filme plástico;
c) quaisquer embalagens transportadas, quando agrupadas por filme plástico.

Emergência: ocorrência caracterizada por um ou mais dos seguintes fatos:
a) vazamentos, como, por exemplo, através de válvulas, flanges, tubulações, acessórios, fissuras ou rupturas do vaso de transporte ou rupturas de embalagens ou proteção;
b) incêndio e princípios de incêndio;
c) explosões;
d) colisões, abalroamentos, capotagem, quedas que causem ou tornem iminentes as ocorrências das alíneas a),b) e/ou c) desta seção;
e) eventos que venham a provocar as ocorrências citadas acima ou causem, de qualquer modo, a perda deconfinamento do(s) produto(s) transportado(s).

Envelope para transporte de produtos perigosos: envelope impresso que contém as instruções e asrecomendações em caso de acidentes e indica os números de telefone para emergência.

Equipamento de proteção individual - EPI: dispositivo ou produto de uso individual utilizado pelotrabalhador, destinado a proteção contra riscos à segurança e à saúde no trabalho.

Equipamento de proteção respiratória: equipamento que visa à proteção do usuário contra a inalação de ar contaminado ou de ar com deficiência de oxigênio.

Equipamento para situação de emergência: equipamento composto de equipamento de proteçãoindividual para motorista e ajudante (se houver), de equipamento para sinalização e isolamento de avaria, acidente e emergência e extintor de incêndio para o veículo e carga.

Espécime para diagnóstico: quaisquer materiais humanos ou animais, incluindo, mas não se limitando adejetos, secreções, sangue e seus componentes, tecidos ou fluidos teciduais, expedidos para fins de diagnóstico, mas excluindo animais vivos infectados.

Etiqueta: elemento de identificação que fica preso à embalagem por amarração. É um meio de se fornecer informações complementares, tal como rótulo, ou não, que pode ser aplicado em qualquer volume, de forma que a figura fique seguramente presa. A etiqueta pode, eventualmente, ser portadora de um rótulo de risco.

Evacuação: procedimento de deslocamento e relocação de pessoas e de bens, de um local onde ocorreu ou haja risco de ocorrer um sinistro até uma área segura e isenta de riscos.

Expedidor: qualquer pessoa, organização ou governo que prepara uma expedição para transporte. Que emite o documento fiscal.

Explosão: fenômeno físico ou químico que ocorre com grande velocidade de propagação, havendo liberação de energia acumulada, que provoca vibração e deslocamento de ar.

Explosão em massa: aquela que afeta virtualmente toda a carga de maneira instantânea.

Explosivo: substância sólida ou líquida (ou mistura de substâncias) que, por si mesma, através de reação química, seja capaz de produzir gás a temperatura, pressão e velocidade tais que possam causar danos à sua volta. Incluem-se nesta definição as substâncias pirotécnicas, ainda que não desprendam gases.

Explosivo dessensibilizado: substâncias explosivas que, mediante a adição de quantidade suficiente de água, álcool, água e álcool, ou diluídas com outras substâncias para formar uma mistura sólida homogênea, têm suas propriedades explosivas suprimidas. Exemplo: nitrocelulose, que é transportada adicionando-se 30% de água.

Extintor portátil: extintor que pode ser transportado manualmente, com massa total que não
ultrapassa 20 kg.

Faixa de inflamabilidade: faixa compreendida entre o limite inferior e o limite superior de inflamabilidade.

Ficha de emergência para o transporte de produtos perigosos: documento de apenas uma folha, com os principais riscos do produto e as providências essenciais a serem tomadas em caso de acidente.

Filtro: parte do equipamento de proteção respiratória destinada a purificar o ar inalado.

Filtro combinado: conjunto formado por um filtro mecânico e químico.

Filtro mecânico: filtro destinado a reter as partículas em suspensão no ar.

Filtro químico: filtro destinado a reter gases e vapores específicos no ar.

Gás: substância que a 50°C tem uma pressão de vapor superior a 300 kPa ou é completamente gasosa à temperatura de 20°C e à pressão normal de 101,3 kPa.

Gás asfixiante: gás que dilui ou substitui o oxigênio normalmente existente na atmosfera.

Gás comprimido: gás que, exceto se em solução, quando acondicionado sob pressão para transporte, écompletamente gasoso à temperatura de 20°C.

Gás em solução: gás comprimido que, quando acondicionado para transporte, é dissolvido num solvente.

Gás inflamável: gás que, a 20°C e à pressão de 101,3 kPa, é inflamável quando em mistura de 13% oumenos, em volume, com o ar; ou apresenta uma faixa de inflamabilidade com o ar de no mínimo 12 pontos percentuais, independentemente do limite inferior de inflamabilidade.

Gás liquefeito: gás que, quando acondicionado para transporte, é parcialmente líquido à temperaturade 20°C.

Gás liquefeito refrigerado: gás que, quando acondicionado para transporte, torna-se parcialmente líquido por causa de baixa temperatura.

Gás não-inflamável e não-tóxico: gases transportados a uma pressão nãoinferior a 280 kPa, a 20°C, ou como líquidos refrigerados e que sejam asfixiantes (gases que diluem ou substituem o oxigênio normalmente existente na atmosfera), ou sejam oxidantes (gases que, geralmente por fornecerem oxigênio, causem ou contribuam, mais do que o ar, para a combustão de outra matéria), ou não se enquadrem em outra subclasse.

Gás tóxico: gás reconhecidamente tão tóxico ou corrosivo para pessoas, que constitui risco à saúde; ouque é supostamente tóxico ou corrosivo para pessoas por apresentar um valor de concentração letal (CL50) igual ou inferior a 5.000 mL/m3 (ppm).

Gerador: aquele que gera resíduos através de atividade ou processo industrial.

Grade para canaleta: dispositivo de proteção da canaleta, resistente aos ataques de agentes químicos ecapaz de suportar a movimentação de veículos.

Grau de risco: nível de efeitos adversos que um dado produto pode ou não apresentar, considerando suacomposição, finalidade e modo de uso.

Iluminação de emergência: sistema automático que tem por finalidade a iluminação de ambientes, sempre que houver interrupção do suprimento de energia elétrica da edificação, para facilitar, por exemplo, a saída dos veículos estacionados e das pessoas do local, quando necessário.

Incêndio: resultado de uma reação química que produz luz e calor.
Incompatibilidade química: risco potencial entre dois ou mais produtos de ocorrer explosão,desprendimento de chamas ou calor, formação de gases, vapores, misturas ou compostos ou misturas perigosas, assim como alterações de características físicas ou químicas originais de qualquer um dos produtos.
Inflamável: qualquer substância sólida, líquida, gasosa ou em forma de vapor, que pode entrar em ignição com facilidade e queimar rapidamente.
Isolamento: conjunto de ações destinadas a impedir a propagação de um acidente a outras regiões alémdaquela diretamente afetada pelo evento.
Limite inferior de explosividade ou de inflamabilidade - LIE: mínima concentração de gás ou vapor que, misturada ao ar atmosférico, é capaz de provocar a combustão do produto, a partir do contato com uma fonte de ignição. Concentrações de gás ou vapor abaixo do LIE não são combustíveis, pois, nesta condição, tem-se excesso de oxigênio e pequena quantidade do produto para queima; é a chamada "mistura pobre".
Limite superior de explosividade ou de inflamabilidade - LSE: máxima concentração de gás ou vaporque, misturada ao ar atmosférico, é capaz de provocar a combustão do produto, a partir de uma fonte de ignição. Concentrações de gás ou vapor acima do LSE não são combustíveis, pois, nesta condição, tem-se excesso de produto e pequena quantidade de oxigênio para que a combustão ocorra; é a chamada "mistura rica".
Limite de explosividade ou de inflamabilidade: concentração percentual, em volume, de gases ouvapores inflamáveis no ar, em condições ambientes de pressão e temperatura, que podem inflamar-se em contato com uma fonte de ignição. A menor e a maior concentrações de gases ou vapores no ar que podem inflamar-se indicam, respectivamente, o limite inferior de explosividade ou inflamabilidade (LIE) e o limite superior de explosividade ou inflamabilidade (LSE).
Líquido inflamável: líquidos, mistura de líquidos ou líquidos que contenham sólidos em solução oususpensão (por exemplo: tintas, vernizes, lacas etc, excluídas as substâncias que tenham sido classificadas de forma diferente, em função de suas características perigosas), que produzam vapor inflamável à temperatura de até 60,5°C, em ensaio de vaso fechado, ou até 65,6°C, em ensaio de vaso aberto, normalmente referido como ponto de fulgor. Inclui também os lí-

quidos oferecidos para transporte à temperatura igual ou superior a seu ponto de fulgor e substância transportada ou oferecida para transporte à temperatura elevada, em estado líquido, que desprenda vapor inflamável à temperatura igual ou inferior à temperatura máxima de transporte.

Máscara de fuga: equipamento de proteção respiratória constituído por bocal preso pelos dentes e comvedação nos lábios do usuário, através do qual o ar é inalado e exalado enquanto o nariz fica fechado por uma pinça nasal.

Material físsil: abrange urânio-233, urânio-235, plutônio-239, plutônio-241, ou qualquer combinaçãodesses radionuclídeos. Excetuam-se desta definição: urânio natural ou urânio empobrecido nãoirradiado, e urânio natural ou urânio empobrecido que tenham sido irradiados somente em reatores térmicos.

Moldura: faixa usada para envolver e ressaltar os símbolos.

Movimentação: ato de movimentar um produto, veículo ou equipamento de um lugar para outro.

Nome apropriado para embarque: nome constante na relação de produtos perigosos, a ser usado paradescrever um artigo ou produto perigoso em particular, em todos os documentos e notificações de transporte e, quando apropriado, nas embalagens.

Nome técnico: nome químico reconhecido ou outro nome correntemente utilizado em manuais, periódicos ou compêndios técnicos ou científicos. Nomes comerciais não devem ser empregados com este propósito. No caso de pesticidas, deve ser usado, sempre que possível, um nome comum ISO.

Óculos de segurança: equipamento de proteção individual para os olhos.

Oxidante: substância que, embora não sendo necessariamente combustível, pode, em geral por liberaçãode oxigênio, causar a combustão de outros materiais ou contribuir para isso. Tais substâncias podem estarcontidas em um artigo.

Painel de segurança: retângulo padronizado de cor alaranjada, indicativo de transporte terrestre deprodutos perigosos.

Peça facial: parte do equipamento de proteção respiratória que cobre as vias respiratórias, podendo ou não proteger os olhos.

Peça facial inteira: peça que cobre a boca, o nariz e os olhos. Também conhecida como máscarapanorâmica ou máscara facial total.

Peça semifacial: peça que cobre a boca e o nariz, apoiando-se sob o queixo. Também conhecida comomáscara facial parcial, semimáscara ou máscara semifacial.

Peça semifacial filtrante: peça constituída, parcial ou totalmente, de material filtrante. Também conhecida como respirador para poeira.

Pequenos recipientes: limitações de quantidades estabelecidas, para determinadas classes de produtosperigosos, para as quais certas exigências relativas ao transporte são dispensadas.

Perigo: propriedade inerente do sistema, da planta, do processo ou da substância que tem potencial paracausar danos à vida, à propriedade ou ao meio ambiente.

Peróxido orgânico: substância orgânica que contém a estrutura bivalente "-O-O-" e pode ser consideradacomo derivada do peróxido de hidrogênio, na qual um ou ambos os átomos de hidrogênio foi(ram) substituído(s) por radical(ais) orgânico(s). O peróxido orgânico é uma substância termicamente instável e pode sofrer uma decomposição exotérmica autoacelerável. Além disso, pode apresentar uma ou mais das seguintes propriedades: ser sujeito a decomposição explosiva; queimar rapidamente; ser sensível a choque ou atrito; reagir perigosamente com outras substâncias; causar danos aos olhos.

Pessoa habilitada: indivíduo treinado para desenvolver as atividades previstas no transporte de produtosperigosos.

Placa autoportante: placa de sinalização que permanece erguida sem necessidade de ajuda de outrosacessórios.

Ponto de fulgor: menor temperatura na qual uma substância libera vapores em quantidade suficiente paraque a mistura de vapor e ar, logo acima de sua superfície livre, propague uma chama, a partir do contato com uma fonte de ignição.

Princípio de incêndio: o momento inicial de um incêndio.

produtos quimicamente incompatíveis para fins de transporte: produtos que, colocados em contatoentre si, apresentem alterações das características físicas ou químicas originais de qualquer deles, gerando risco de provocar explosão, desprendimento de chama ou calor, formação de compostos, misturas, vapores ou gases perigosos.

Protetor facial: equipamento de proteção individual para proteção da face contra respingos de produtosquímicos.

Quantidade limitada: quantidade igual ou inferior aos limites de quantidade, estabelecidos na relação de produtos perigosos, para os quais certas exigências relativas ao transporte são dispensadas.

Reativo com água: substância que, em contato com a água, reage violentamente, gerando extremo calor eexplosão ou que produz rapidamente gás ou vapor inflamável, tóxico ou corrosivo.

Receptor de resíduos: pessoa física ou jurídica responsável pela destinação final de resíduos (reciclagem,tratamento e/ou disposição).

Redespacho: Ato praticado por qualquer agente de transporte ou não, que implique descarregamento enovo carregamento, desde que seja o mesmo expedidor.

Resíduos: materiais resultantes de atividades da comunidade de origem: industrial, doméstica, hospitalar,comercial, agrícola, de serviços e de varrição.

Resíduos perigosos: substâncias, soluções, misturas ou artigos que contêm ou estão contaminados porum ou mais produtos perigosos, para os quais não há um uso direto, mas que são transportados para fins de disposição final, reciclagem, reprocessamento, eliminação por incineração, coprocessamento ou outro método de disposição.

Revestimento interno: camada de material quimicamente resistente, que reveste internamente o tanque de carga, com a finalidade de impedir que ele entre em contato com o produto transportado.

Risco: possibilidade de ocorrência de perigo.

Rodotrem: combinação de quatro equipamentos acoplados:
- um caminhãotrator traçado (ou seja, com duplo diferencial);
- um semirreboque dianteiro, acoplado à 5ª roda do caminhão trator acima e dotado de engate traseiro para reboque;
- um reboqueplataforma com 5ª roda (*dolly*), acoplado ao engate traseiro do semirreboque dianteiro e em cuja 5ª roda deve ser acoplado;
- um semirreboque traseiro, geralmente idêntico ao dianteiro, permitindo sua intercambialidade.Ambos os semirreboques, assim como o *dolly*, têm suspensão de dois eixos; peso bruto total combinadoPBTC = 74 ton.

Romeu e Julieta: composto de um caminhão trator (sem 5ª roda), dotado de carroceria montada sobre seu chassi e de engate traseiro para atrelar um reboque carroceria, geralmente do mesmo tipo da dianteira (tanque, carga seca, gaiolaetc). Este equipamento está submetido ao regime de peso bruto total combinado PBTC = 45 ton (máx.).

Rotulagem: ato de identificar por impressão, por litografia, por pintura, por gravação a fogo, por pressão ou por decalque. Inclui a complementação sob a forma de etiqueta, carimbo indelével, bula ou folheto. Pode ser aplicada em quaisquer tipos de embalagem unitária de produtos químicos ou afins, ou sobre qualquer outro tipo de protetor de embalagem.

Rótulo: elemento que apresenta símbolos, figuras e/ou expressões emolduradas, referentes à natureza, aomanuseio, aos riscos e à identificação do produto.

Rótulo de risco: rótulo com a forma de um quadrado apoiado sobre um dos seus vértices (forma de umlosango/diamante), que apresenta símbolos, figuras e/ou expressões emolduradas, referentes à classe/subclasse do produto perigoso.

Rótulo de segurança: local onde constam a identificação do produto e as informações primárias demanuseio, armazenamento, emergência, transporte e descarte. Deve ser impresso ou litografado, pintado ou gravado a fogo, aderido por pressão ou decalque, ou carimbado de forma indelével, aplicado sobre quaisquer tipos de embalagem de produtos químicos.

Símbolo: figura com significado convencional, usada para exprimir graficamente um risco, um aviso, uma recomendação ou uma instrução, de forma rápida e facilmente identificável.

Simbologia: elemento que apresenta símbolos, figuras e expressões referentes à natureza, ao manuseio,ao armazenamento e ao transporte para identificação do produto. Compreende símbolos de perigo, símbolos de manuseio, rótulos de risco, rótulos especiais e painéis de segurança.

Sólido inflamável: sólido que, em condições de transporte, seja facilmente combustível, ou que, por atrito, possa causar fogo ou contribuir para tal; substância autorreagente que possa sofrer reação fortemente exotérmica; explosivo sólido insensibilizado que possa explodir se não estiver suficientemente diluído.

Solubilidade: habilidade ou tendência de uma substância misturar-se uniformemente com outra.

Substância infectante: substância que contém patógeno ou esteja sob suspeita razoável de tal. Patógenoé um microorganismo (incluindo bactérias, vírus, rickéttsias, parasitas, fungos) ou microorganismo recombinante (híbridos ou mutantes) que possa – ou esteja sob suspeita razoável de poder – provocar doenças infecciosas em seres humanos ou em animais.

Substância pirofórica: substância, incluindo mistura e solução (líquida ou sólida) que, mesmo empequenas quantidades, inflama-se dentro de 5 min após contato com o ar.

Substância pirotécnica: substância, ou mistura de substâncias, concebida para produzir um efeito decalor, luz, som, gás ou fumaça, ou a combinação destes, como resultado de reações químicas exotérmicas autossustentáveis e nãodetonantes.

Substância que, em contato com a água, emite gases inflamáveis: substância que, por interação comágua, pode tornar-se espontaneamente inflamável ou liberar gases inflamáveis em quantidades perigosas.

Substância radioativa: substância que apresenta radioatividade superior a 7,4 x 107 Bq (0,002 microcurie por grama).

Substância sólida: substância viscosa com um tempo de escoamento, a 20°C, superior a 10 min em orifício DIN-CUP de 4 mm (correspondente a um tempo de escoamento superior a 690 s a 20°C, emcopo Ford n° 4, ou a mais de 2860 cs), exceto se houver uma indicação explícita ou implícita em contrário.

Substância sujeita à combustão espontânea: substância sujeita a aquecimento espontâneo nascondições normais de transporte ou que se aquece em contato com o ar, sendo, então, capaz de se inflamar. São as substâncias pirofóricas e as passíveis de autoaquecimento.

Substância sujeita a auto-aquecimento: substância (pirofórica exclusive) que, em contato com o ar, semfornecimento de energia, pode se autoaquecer. Essa substância somente se inflama quando em grandesquantidades (quilogramas) e após longos períodos (horas ou dias).

ABNT NBR 7501:2005

©ABNT 2005 - Todos os direitos reservados.

Parte Dezesseis:

Os Seguros no Transporte de Mercadorias

16.1 – Conceito Básico

Seguro é uma operação que se realizar entre duas partes, segurado e segurador, coordenado por uma denominada corretora, de modo que à parte segurada que aderiu a este propósito possa resguardar seus bens dos riscos que porventura venham a ocorrer com a mercadoria e ser indenizada pela seguradora por quaisquer danos que estes bens tenham sofrido (sinistro); danos estes previstos neste contrato, mediante o pagamento de uma importância para este fim (prêmio). O seguro visa também a cobrir as despesas incorridas pelo beneficiário, relativas a todas as providências tomadas no sentido de evitar ou reduzir os danos que a mercadoria possa sofrer. Uma operação de seguro é um contrato jurídico realizado entre as partes envolvidas. O que a caracteriza são as coberturas e cláusulas estabelecidas na assinatura do contrato, que obrigam o cumprimento de determinadas condições, tanto por parte da seguradora como do segurado.

As partes intervenientes têm direitos e obrigações que devem seguir e respeitar e que prevalecem durante o período de vigência do seguro contratado. As declarações e informações constantes de uma apólice de seguro, tanto as do segurador quanto a do segurado, precisam respeitar a estrita verdade dos fatos, nada se omitindo, nem se acrescentando fatos inverídicos. Tal conceito deve ser considerado durante toda a vigência do seguro, inclusive nas providências para recebimento da indenização por um sinistro. A constatação de informações errôneas, feitas de máfé, anula o contrato, perdendo-se o direito ao seguro.

16.2 – O Seguro de Mercadorias

A legislação moderna de seguro, assim como as cláusulas padrão utilizadas, que têm como modelo o *London InstituteofUnderwriters*, foram bastante influenciadas pelo *MarineInsuranceAct* inglês. O seguro de mercadorias para os demais meios de transporte criados mais tarde (o ferroviário, o rodoviário e o aéreo) foi desenvolvido tendo como base o seguro marítimo. Como já mencionado anteriormente, o objetivo do seguro é dar à carga proteção contra danos ou perdas, ou seja, visa a sempre repor um dano advindo da ocorrência de um sinistro. O seguro nunca deve ter como objetivo produzir lucros com relação ao bem segurado. Para que exista uma operação de seguro é necessário que ocorram dois fatos distintos, porém interligados, quais sejam: venda ou compra de determinada mercadoria e algum tipo de transporte envolvido, podendo se tratar de uma operação nacional ou internacional.

Numa exportação ou importação de produtos, é necessário que a condição de venda ou compra determine quem tem a responsabilidade de arcar com a contratação do seguro. Como exemplo, podemos dizer que numa venda CIF ou CIP, a responsabilidade da contratação do seguro recai sobre o exportador, e numa venda FOB, sobre o importador. Quando se fala em responsabilidade, pretende-se dizer quem deveria realizar a contratação do seguro para proteção da mercadoria comercializada, porém deve ficar registrado que não existe uma obrigatoriedade legal de contratação de seguro e nem os Incoterms obrigam esta contratação. No caso de um eventual sinistro, numa carga não segurada, a responsabilidade será da parte que, tecnicamente, teria de contratá-la, obedecendo-se para isto os termos dos Incoterms quanto ao local e condição de entrega de uma mercadoria, ou seja, momento exato de transferência de responsabilidade da carga.É de extrema importância a contratação do seguro, pois se um embarque não segurado sofrer um sinistro, a empresa terá de arcar com os custos envolvidos e a perda poderá, dependendo da situação, significar até uma ameaça para a sobrevivência da empresa.

16.3 – A Estrutura do Sistema Nacional de Seguro Privado

O Sistema Nacional de Seguro Privado, criado em 1966, tem por objetivo regulamentar, controlar e incentivar o mercado de seguros, inserindo-o cada vez mais na economia nacional. Este sistema está estruturado como segue abaixo.

CNSP (Conselho Nacional de Seguros Privados),subordinado ao Ministério da Fazenda, é o órgão normalizador das operações de seguros no país e tem como principais funções regulamentares e fiscalizar o funcionamento das entidades envolvidas na atividade de seguro; determinar as características dos contratos e ramos de seguros; estabelecer normas e políticas para o setor; estabelecer diretrizes para resseguros e seguros conjuntos entre duas ou mais seguradoras (co-seguro); estabelecer capitais mínimos para funcionamento das entidades envolvidas no mercado de seguros; autorizar corretoras e seguradoras a operar no mercado, bem como cassar a sua autorização; normalizar a profissão de corretor e suas corretagens.

A direção do CNSP é composta pelo Ministro da Fazenda (presidente do CNSP), pelo superintendente da SUSEP e pelos presidentes do IRB, do BACEN, da CEF, do BNDES, diretores da área de Comércio Exterior do BB e do mercado de capitais do BACEN, representantes da SEPLAN e dos Ministérios dos Transportes, da Ciência e Tecnologia e da Previdência Social, e seis representantes das seguradoras, com mandato de dois anos, nomeados pelo Presidente da República.

SUSEP (Superintendência de Seguros Privados): assim como o CNSP, é subordinado ao Ministério da Fazenda. Sua direção é composta por um superintendente e quatro diretores, nomeados pelo Presidente da República. A SUSEP tem por objetivo fiscalizar o cumprimento das normas estabelecidas pelo CNSP, por parte de todas as entidades envolvidas na atividade de seguro, quais sejam, corretoras e seguradoras. Neste sentido, tem por finalidade acompanhar a constituição e operação destas entidades, aplicando as sanções necessárias em caso de desvio de conduta ou desrespeito às normas estabelecidas, bem como fixar as condições das apólices e ainda liquidar as empresas que tiverem a sua autorização de funcionamento cassada. Para isto, a SUSEP baixa circulares e instruções sobre as medidas a serem adotadas e seguidas pelas corretoras e seguradoras.

IRB (Instituto de Resseguros do Brasil): é constituído na forma de uma sociedade mista, com igual participação do Governo Federal, através do Ministério da Previdência Social, e das seguradoras. É uma entidade de direito privado e possui autonomia. Sua administração é realizada pelo seu presidente e um conselho técnico composto por seis membros: três eleitos pelas seguradoras e três nomeados pelo Presidente da República. A tendência, de acordo com a nova visão empresarial do país, é que ele seja privatizado, sendo este mercado aberto também a outras empresas nacionais e internacionais O IRB regula, controla e fiscaliza as operações de resseguro, cosseguro e retrocessão, sempre seguido às diretrizes emanadas do CNSP, e tem por finalidade aceitar resseguros quando o valor a ser segurado ultrapassa o limite técnico das seguradoras, tanto das nacionais como das internacionais, sendo que a atividade de resseguro das seguradoras do país está reservada apenas a ele, não havendo concorrência por impedimento governamental. Ele pode, porém, colocar no exterior o resseguro que exceda a capacidade do mercado segurador nacional ou que não convenha aos interesses do país.

A liquidação de sinistros em que o IRB participa como ressegurador faz parte de sua atribuição, porém é delegada àscompanhias seguradoras.

Companhias seguradoras: são empresas que têm como finalidade segurar os bens, de acordo com a vontade de seus clientes, e indenizá-los contra danos ou perdas sofridas pela carga segurada, sendo as mesmas autorizadas a funcionar pelo Ministério da Fazenda, através de solicitação dirigida ao CNSP, apresentada via SUSEP; só podem operar nos ramos de seguro para os quais recebem a permissão e dentro dos seus limites técnicos, não podendo ter ou participar de outro tipo de negócio na indústria ou comércio. Estas empresas têm a obrigação de ressegurar, no IRB, todas as responsabilidades assumidas que excedam seus limites de suporte, podendo, também, aceitar resseguros, quando autorizadas pelo IRB. As seguradoras são fiscalizadas pela SUSEP e pelo IRB e têm a obrigação de fornecer quaisquer dados que forem solicitados em relação às suas atividades.

Corretor de seguros: é uma pessoa física ou jurídica devidamente autorizada pela FUNENSEG (Fundação Escola Nacional de Seguros) a operar na atividade de seguro, pela qual recebe da seguradora uma comissão denominada corretagem. O corretor de seguros, como pessoa física, não pode ocupar cargos públicos nem ter vínculos empregatícios ou direcionais com seguradoras. É ele quem intermédia a ligação entre o cliente que deseja segurar um bem qualquer e uma empresa seguradora com interesse neste seguro, tendo responsabilidade civil sobre essas operações e respondendo por qualquer problema, negligência, omissão perante segurados e seguradoras.

16.4 – Os Principais Conceitos sobre Seguro

Beneficiário: é aquele que será indenizado num eventual sinistro com o bem segurado. Pode ser o próprio segurado que efetua o seguro para proteger algo que lhe pertence, como a importação de uma mercadoria qualquer, ou um terceiro, a quem determinado bem está sendo vendido ou transferido, como uma operação de exportação na modalidade de venda CIF.

Bem segurado: équalquer bem que tenha valor econômico e pelo qual o segurado tenha pagado um prêmio à seguradora para protegê-lo do risco de danos e perdas, e que será indenizado em caso de sinistro, possibilitando a sua reposição, pelo qual tenha recebido a emissão de um certificado ou apólice de seguro, caracterizando-o.

Risco: é algo a que o bem segurado está sujeito e que independe da vontade das partes envolvidas, podendo ocorrer a qualquer tempo e em qualquer lugar, sendo algo possível, porém futuro e incerto. Somente deve ser segurado um bem cujo risco seja possível e sempre futuro, não podendo o seguro cobrir algo que já passou do risco ao fato concreto, ou seja, um sinistro já ocorrido. Os riscos a que as mercadorias estão sujeitas podem ser classificados como causas fortuitas e causas evitáveis. As fortuitas são aquelas que ocorrem através de situações que podemos chamar de imprevisíveis, como perigos do mar. As evitáveis são aquelas que constituem situações como roubo, embalagem inadequada etc.

Valor segurado: é o valor de um bem a ser considerado para efeitos de seguro; é determinado pelo segurado e deverá sempre manter uma relação lógica com o seu valor real, pois o segurador poderá exigir uma comprovação deste. A comprovação do valor real do objeto do seguro pode ser feita pela fatura comercial ou qualquer outro documento hábil aceito pelo segurador.

É normal que o seguro seja realizado, considerando-se 100% do valor CIF do bem, acrescido de um percentual de cerca de 10% para cobrir despesas diversas que o segurado possa ter com relação ao sinistro que porventura venha a ocorrer, segurando-se a mercadoria, portanto, em torno de 11% do seu valor CIF.

Em caso de seguro de uma mercadoria, tomando-se por base o seu valor FOB, pode-se acrescentar a este valor mais 25% para dar cobertura também ao valor do frete e despesas em que o beneficiário venha a incorrer em caso de sinistro. Além disto, pode-se acrescentar ao seguro um valor por lucros esperados que não exceda a 10%, a menos que alguma outra coisa seja discutida e combinada com a seguradora.

Prêmio de seguro: é o valor pago pelo segurado à empresa seguradora, de modo a ter os seus bens protegidos, e que cobre indenizações pagas aos segurados em caso de sinistro. O prêmio é calculado por um percentual sobre o valor da mercadoria e determinado pelo tipo de transporte, mercadoria, embalagem, perecibilidade, destino, período coberto, coberturas contratadas etc. Também influencia o valor do prêmio o índice de sinistralidade de um determinado bem, que quanto mais baixo for, menor a taxa de seguro, sendo o inverso verdadeiro.

A falta de pagamento do prêmio de seguro isenta a seguradora da responsabilidade sobre o seguro efetuado. Em caso de sinistro, a seguradora não terá a obrigação de indenizar o segurado, com exceção da apólice aberta, cujos valores são cobrados por período. Portanto, o bem continua segurado independentemente do pagamento, que ocorrerá futuramente, em geral ao término de um período estabelecido, por exemplo, no final do mês.

O embarque aéreo tem uma tarifa de seguro médio menor que a marítima e terrestre, sendo aproximadamente a sua metade. Já embarques marítimos efetuados em contêineres têm uma redução no prêmio de seguro entre 10% e 20%.

O pagamento do prêmio de seguro é realizado em dólar norte-americano, moeda em que o bem é segurado. Com o boleto de cobrança emitido pela seguradora, o segurado se dirige a banco que opera em câmbio e compra um cheque em dólares, através de uma contratação de câmbio, e o entrega à seguradora, em pagamento pelo contrato de seguro realizado. Os prêmios variam entre os produtos e as seguradoras, já que há um mercado de livre concorrência.

Sinistro: é a concretização de um risco previsto que causa dano ou perda aos bens segurados por qualquer motivo, atingindo-os, parcial ou totalmente, e trazendo prejuízos ao segurado ou beneficiário, que deverá ser devidamente indenizado pela seguradora.

Valor indenizado: éo valor em dinheiro pago ao segurado, pela seguradora, em face de sinistro da mercadoria previamente segurada. No Brasil, muito embora o seguro tenha sido efetuado em moeda estrangeira, o ressarcimento de um sinistro será pago em moeda nacional. Se for pago no exterior, o será na moeda estrangeira segurada. O valor da indenização corresponde, normalmente, ao valor segurado, sendo diferente apenas nos casos em que:

- O valor segurado menor do que o valor real da mercadoria, o que fará supor que o segurado optou por um seguro parcial, fazendo na prática um autosseguro, o que significa assumir para si o risco pela diferença;
- O valor segurado dor irreal, acima do valor real da mercadoria, quando, então, o valor indenizado será menor, correspondendo ao seu valor exato, ou seja, o valor de mercado, não importando se o prêmio foi pago em relação ao valor maior declarado.

Sub-rogação: significa o direito de o segurador tomar posse das mercadorias indenizadas e de recorrer contra o transportador para se ressarcir da indenização paga ao segurado, em face de um sinistro ocorrido. É necessário que ocorra primeiro a indenização, para que o segurador possa ter o direito de sub-rogação.

Franquia: é a parcela que deve ser suportada pelo segurado e que não têm a cobertura do seguro mediante o prêmio pago. Desde o início do seguro, considera-se de responsabilidade do segurado. Isto visa a evitar pagamentos de pequenas quantias, reduzindo os gastos das seguradoras e, portanto, reduzindo o valor dos prêmios para os próprios segurados.

16.5 – Os Documentos Utilizados nas Transações com Seguro

Apólice de Seguro

É o documento que representa o contrato de seguro realizado entre as partes intervenientes e que tem valor jurídico. Na apólice de seguro deverão constar dados como nome e endereço do segurado e beneficiário; bem segurado; riscos cobertos pelo prêmio pago; valor do prêmio segurado e da franquia; prazo de vigência do seguro; local de início e de término do seguro; nome do veículo transportador; data de embarque; e qualquer outro detalhe que venha a interessar à operação contratada. As informações devem ser as mais completas e, para o caso de alguma omissão involuntária que não seja caracterizada como má-fé, deve-se sempre optar por um pagamento de prêmio adicional e utilizar na apólice uma cláusula denominada *HeldCovered*, ou seja, omissões cobertas. Esta cláusula protege o segurado pela falha de informação que possa ocorrer na ocasião da contratação do seguro.

A apólice de seguro pode ser:

Simples ou avulsa: é a apólice emitida para cada viagem/embarque que cobre um risco desde o local de origem da mercadoria até o local de destino, mencionando o momento em que tais riscos começam e findam. O pagamento do prêmio deste é efetuado individualmente para cada embarque/apólice emitida, sendo interessante à utilização da cláusula *Transit Clause* para cobrir a mercadoria desde o cais de embarque até o cais de desembarque, quando os pontos de origem e destino não estiverem totalmente claros no contrato de seguro.

Flutuante: é aquela na qual se estabelecem apenas as condições gerais do seguro e que é emitida para um tempo determinado, normalmente com máximo de 12 meses. Visa a cobrir uma série de embarques individuais e consecutivos, que vão sendo averbados à mesma. O nome do veículo transportador e os detalhes de cada embarque são informados antes que ocorram ou no máximo até o momento do embarque. São apólices feitas para empresas que fazem seguro com frequência com as mesmas seguradoras e são confiáveis junto às mesmas. Exigem a abertura de uma conta corrente entre a seguradora e o segurado para que o pagamento do prêmio seja feito mensalmente através do faturamento conjunto das várias averbações realizadas no mês.

Abertura: é uma apólice emitida sem tempo de validade predeterminado, independente de produtos e valores a serem exportados e cujos embarques vão sendo averbados à mesma. Assemelha-se à flutuante, com exceção de uma duração mais longa, podendo ser permanente. O pagamento do prêmio é realizado mensalmente através de uma conta aberta para este fim, a exemplo do que ocorre com a flutuante. O cancelamento de uma apólice deste tipo deverá ter a concordância das partes envolvidas e precisará ser previsto com algum tempo de antecedência.

Certificado de Seguro

Este é o documento que costuma substituir a apólice de seguro. É normalmente emitido pelas companhias seguradoras para cada embarque, quando há diversos embarques num determinado período de tempo, cobertos por uma apólice única, que pode ser aberta ou flutuante. Este documento é negociado e enviado ao importador, juntamente com os demais documentos de exportação referentes ao embarque efetuado. Neste caso, cada embarque individual vai sendo averbado na apólice de seguro, que funciona como um documento central. Pode-se dizer que a apólice de seguro é o "documentomãe", enquanto o certificado de seguro é o "filhote", estabelecendo-se um paralelo com os conhecimentos de embarque. No certificado devem ser declarados todos os dados do embarque, fazendo-se referência à apólice de seguro emitida. Este documento é aceito normalmente no comércio exterior, em substituição à apólice.

Averbação: constitui o documento utilizado para informe à seguradora sobre os bens a serem segurados; em caso de utilização de uma apólice aberta ou flutuante, para que possam ser considerados para efeitos de cobertura. Neste documento, serão mencionados todos os detalhes do bem em questão, já que a apólice em aberto necessita ser complementada com os dados de cada embarque ocorrido para que possa ser considerado segurado. A falta da informação em tempo hábil poderá prejudicar o seguro da mercadoria. A averbação poderá ser provisória, aquela realizada bem antes do embarque, constituindo uma informação de que no futuro haverá um embarque a ser realizado, ou defina aquela na qual os dados de embarque já são efetivos.

Endosso: significa qualquer alteração efetuada numa apólice de seguro. Toda vez que se altera algum item na mesma, está se procedendo a um endosso, que é o termo utilizado nesta atividade.

16.6 – As Formas Especiais de Seguro – Repasses

Cosseguro: Cosseguro significa a diluição da responsabilidade de um seguro vultoso por parte do segurado ou da seguradora entre várias seguradoras ou, em outras palavras, a quebra de um seguro em vários seguros menores. Os vários seguros somados deverão ser equivalentes ao seguro total, não podendo excedê-lo. Isto significa que um seguro de valor muito grande, para ser assumido por uma única seguradora que eventualmente tenha condições de fazê-lo possa não interessar ao segurado e/ou à seguradora, sendo dividido entre várias seguradoras. Em consequência, cada uma se responsabiliza por uma parte do valor a ser segurado e o prêmio do seguro é pago a cada seguradora, proporcionalmente ao percentual segurado. No caso de a divisão ser efetuada pela seguradora, a primeira a receber o seguro será denominada seguradoralíder e comandará o processo de divisão, recebimento e pagamento de indenização em caso de sinistro, sendo que cada seguradora pagará esta indenização, proporcionalmente ao prêmio recebido.

Resseguro: É a transferência, pela seguradora, de parte do risco assumido com uma operação de seguro, entre uma ou mais resseguradoras, visando diminuir o risco contraído por ela. Significa, portanto, um seguro do seguro. Isto ocorre, principalmente, quando o risco assumido por uma seguradora ultrapassa a sua capacidade econômica para indenizar um eventual sinistro, o que certamente acarretará problemas para a seguradora e o segurado. No Brasil, o resseguro ainda é monopólio do IRB.

Retrocessão: Assim como o segurador é auxiliado por um ressegurador, quando o seguro efetuado ultrapassa seu limite de capacidade de indenizar, o ressegurador também é ajudado por outras seguradoras no mercado, quando os resseguros efetuados por ele ultrapassam sua capacidade de indenizar sinistros, repassando a estas o excesso.

Tipos de cobertura: Os bens segurados podem ter coberturas básicas, coberturas adicionais e coberturas especiais. A mercadoria terá um prêmio de seguro por cobertura escolhida e podem ser feitas coberturas adicionais e especiais, de acordo com as necessidades ou preferências dos segurados, desde que sejam contratadas à cobertura básica. As coberturas básicas são aquelas que fazem parte de cada ramo de seguro escolhido, cobrindo os riscos básicos estabelecidos para eles, e pelo qual se paga um prêmio através de uma taxa de seguro básica prefixada. Coberturas adicionais são coberturas para riscos adicionais que se deseja cobrir e que não estão incluídos ou estão excluídos da cobertura básica, e para os quais se paga um prêmio adicional. Coberturas especiais são efetuadas a pedido do segurado e tornam as coberturas básicas e adicionais mais completas. Paga-se uma taxa extra por esta cobertura especial, que se pretende dar a determinado bem. O período de cobertura de um seguro, a menos que estipulado algo em contrário e para o qual se tenha efetuado o pagamento de taxa adicional, vai do momento em que as mercadorias deixam o armazém do vendedor até o momento em que são entregues no armazém do comprador.

No caso de embarque aéreo, a cobertura para permanência no aeroporto de desembarque é de 30 dias, o mesmo ocorrendo no transporte terrestre, quando as mercadorias ficarem no armazém da empresa transportadora.

Ramos de seguro: Temos os seguintes ramos de seguro, que podem ser utilizados com os diversos tipos de transportes que conhecemos: marítimo, fluvial, lacustre, aéreo, rodoviário e ferroviário.

Coberturas Básicas

É a modalidade que tem por finalidade segurar as mercadorias e ressarcir prejuízos ocorridos no seu transporte por água, terra ou ar. Cobre também as despesas incorridas para o salvamento da carga e as efetuadas para evitar que a mesma sofra maiores danos. Estas têm por objetivo cobrir danos às mercadorias, causados por riscos normais de transporte, isto é, aqueles inerentes ao próprio meio de transporte utilizado, tais como:

- Aquaviário: naufrágio, encalhe, abalroamento, explosão, incêndio, raio, tempestade etc.
- Terrestre: descarrilamento, capotagem, colisão, explosão, incêndio etc.
- Aéreo: queda do avião, aterrissagem forçada, abalroamento, colisão, explosão, incêndio etc.

Poderão ser feitas também coberturas adicionais e/ou especiais, mediante pagamento de taxas, visando garantir contra outros sinistros que poderão, eventualmente, ocorrer com a mercadoria durante a sua viagem ou permanência em armazéns.

Coberturas Especiais

Existem cláusulas especiais referentes aos seguros, a saber:

Cláusula de seguro contra roubos: este seguro visa a proteger o segurado de roubos sofridos, reembolsando-o pelos prejuízos equivalentes. O ressarcimento dar-se-á caso o roubo ocorra dentro dos locais previstos pelo seguro e dentro do prazo de vigência do mesmo. Cobre ainda prejuízos havidos em face de problemas causados à mercadoria em tentativas de roubo, ainda que tal não aconteça.

16.7 – Seguro de Responsabilidade Civil do Transportador Rodoviário de Carga "Nacional"

Obrigatoriedade: Todas as pessoas físicas ou jurídicas, de direito público ou privado, que realizam transportes de cargas, são obrigadas a contratar seguros de responsabilidade civil para cobrir perdas ou danos de mercadorias de terceiros, confiadas às mesmas para transporte. Este seguro cobre perdas ou danos às mercadorias, desde que ocorram durante o transporte e sejam causados por motivos inerentes ao meio de transporte utilizado, como:

- Colisão, capotagem, abalroamento ou tombamento do veículo transportador;
- Incêndio ou explosão com o veículo;
- Mercadorias enquanto depositadas em armazéns, pátios e depósitos dentro do país que emitiu a apólice, desde que os danos tenham sido provocados por incêndio e explosão nestes locais.

Comunicação dos embarques: é feita através de formulários próprios, fornecidos pela seguradora, denominado "averbação", e entregue na seguradora, até o dia seguinte ao da emissão do conhecimento de frete.

A averbação é um documento que deve ser preenchido e assinado pelo segurado, onde devem constar: a quantidade, o valor da mercadoria, local de início e destino da viagem, placa do veículo transportador e a data da saída da mesma.

Destinação das vias de averbação: A averbação deverá ser preenchida diariamente e com no mínimo seis vias mencionando todas as mercadorias a serem transportadas:

- 1ª via: será anexada ao conhecimento de transporte correspondente e entregue ao motorista do veículo transportador, para fins de fiscalização no decorrer do percurso;
- 2ª, 3ª e 4ª vias: serão entregues à seguradora, juntamente com uma cópia do conhecimento de frete;
- 5ª e 6ª vias: serão protocoladas pela seguradora e devolvidas ao segurado para o seu controle.

Comunicação dos embarques (comunicação mensal): para as seguradoras que possuem grande volume de embarques, a comunicação diária mencionada no tópico anterior se torna difícil; por esta razão, poderá ser feita uma comunicação mensal. Essa comunicação contém todos os embarques do mês, deverá ser entregue à seguradora até o 10º dia útil do mês seguinte (o não cumprimento dessa disposição pelo segurado acarretará no cancelamento unilateral da concessão).

Importância segurada: deverá ser igual ao valor dos bens ou mercadorias constantes do conhecimento de frete.

Prêmios e taxas: o prêmio é o custo do seguro, ou seja, o valor que o segurado paga a seguradora. No caso de algum sinistro a mercadoria, o segurado receberá a indenização da seguradora. O prêmio do seguro será obtido pela multiplicação do valor da mercadoria pela taxa relativa ao percurso da viagem, conforme tabela própria da seguradora, acrescido do custo de emissão e do IOF.

Contratação de seguro: O segurado não poderá manter mais de uma apólice de seguro. Havendo mais de uma apólice, nenhuma delas terá direito à indenização por danos causados às mercadorias, nem a devolução do prêmio pago. Porém, se o segurado tiver filiais em outros Estados, será permitida a emissão de apólice por filial.

Vigência do seguro: o Seguro tem sua vigência pelo período de 12 meses, podendo ser prorrogado pelo mesmo prazo, mediante concordância entre as partes ou a emissão de uma nova apólice.

Liquidação de apólice: a liquidação do sinistro consiste na análise técnica dos aspectos que envolveram a ocorrência, sua compatibilidade com a natureza da modalidade de transporte e da natureza do seguro e, por conseguinte, o pagamento da indenização.

Parte Dezessete:

Exercícios Propostos

1. Quem foi considerado o pioneiro na introdução dos princípios da administração científica?

2. Cite quais são os fatores da produção.

3. Quando é que os fatores de produção passam a ser recursos empresariais?

4. O que envolve a atividade de compras?

5. Apresente três (03) fatores que distinguem os produtos dos serviços.

6. Todo sistema apresenta, no mínimo, quatro componentes ou partes. Quais são estes componentes ou partes?

7. Qual a diferença entre um modo de produção sob encomenda e um modo de produção contínua?

8. Qual a diferença entre ética e moral no âmbito das transações comerciais?

9. Como se faz a avaliação do retorno de capital das mercadorias em estoque?

10. Como você determinaria matematicamente o estoque máximo e o estoque de segurança de um produto que é consumido mensalmente

5.000 unidades e o percentual de segurança foi determinado em 20% do seu consumo?

11. Uma empresa vendeu durante o semestre R$ 10.000,00 e o valor do seu estoque atual é de R$ 2.500,00. Utilizando a fórmula do IR, quantas vezes o estoque girou no almoxarifado?

12. Monte umaCurva ABC, tomando por base os seguintes valores: R$ 800,00 – 750,00 – 1.500,00 – 400,00 – 300,00 – 200,00 – 80,00 – 50,00 – 30,00 – 20,00 – 10,00 – 60,00.

13. Qual a diferença entre o transporte multimodal e o intermodal?

14. Quais as vantagens e desvantagens entre o transporte aéreo e o transporte rodoviário?

15. E entre o transporte marítimo e o ferroviário?

16. Quais os objetivos do código de barras?

17. Quais os códigos de barras mais utilizados no Brasil?

18. Qual a finalidade dos três primeiros dígitos do código de barras?

19. Quais os principais objetivos das embalagens?

20. Quais as vantagens e desvantagens das cargas conteinerizadas?

21. Qual a finalidade do seguro de mercadoria?

22. Qual o significado de um bem segurado?

23. Qual a finalidade da apólice de seguro?

24. O que significa "prêmio de seguro"?

25. O que constitui "averbação" e "endosso" nas transações com seguros?

26. Dê o significado das palavras, na ordem conforme segue:
- Logística de suprimentos
- Logística de produção
- Logística de distribuição
- Logística reversa

27. Qual a diferença entre produtos e serviços?

28. Dê cinco exemplos de serviços profissionais.

29. Dê dois exemplos de serviços onde a ênfase é nos equipamentos.

30. Dê dois exemplos de serviços personalizados.

31. Dê dois exemplos de lojas de serviços.

32. Dê dois exemplos de dificuldades encontradas nos sistemas de transporte ferroviário e rodoviário.

33. Dê dois exemplos de tipos de embalagens e suas aplicações.

34. Quais os benefícios, para o meio ambiente, do sistema de reciclagens dos produtos reutilizáveis?

35. Na sua opinião, quais as empresas que necessitam de canais de distribuição?

36. Dê dois tipos de produtos transportados pelo sistema de transportes dutoviário.

37. Na sua opinião, porque as matérias-primas recicladas são proporcionalmente mais caras que as matérias-primas virgens?

38. Entre os sistemas de transportes conhecidos, qual o que você considera mais seguro no transporte de mercadorias?

39. Qual o significado de transbordo de mercadorias?

40. No seu ponto de vista, quais são os verdadeiros motivos da falta de interesse pelas autoridades no desenvolvimento do transporte ferroviário?

41. Defina cinco tipos de transportes e suas adequações aos tipos de produtos.

42. Qual a diferença entre tendências de práticas sustentáveis e aspectos legais?

43. Quais são as atividades típicas do processo da logística reversa?

44. Qual o significado do termo "fracionamento de produtos"?

45. Quais as causas principais que podem ocasionar a devolução de um produto?

Referências Bibliográficas

ALVARENGA, Antônio Carlos e NOVAES, Antônio Galvão N. *Logística aplicada*. São Paulo, Afiliada, 1994.
ANUÁRIO DE TRANSPORTES MODERNOS 98/99.
AZÚA. D. E. R. *Transportes e seguros no Mercosul*. São Paulo: 1998.
BALLOU, Ronald H. *Logística empresarial:* transportes, administração de materiais e distribuição física. São Paulo: Atlas, 1993.
_____. *Gerenciamento da cadeia de suprimentos:*Planejamento, organização e logística empresarial.4. ed. São Paulo: Bookman, 2001.
BERTAGLIA, Paulo Roberto. *Logística e gerenciamento da cadeia de abastecimento*. São Paulo: Saraiva, 2003.
BOWERSOX, Donald.J.; CLOSS, David.J. *Logística empresarial*:O processo de integração da cadeia de suprimento. Tradução: equipe do Centro de Estudos em Logística e Adalberto Neves. 3. ed. São Paulo: McGraw-Hill, 1986.
CAMPOS, Vicente Falconi. TQC: *Controle da qualidade total* (no estilo japonês).8.ed. Belo Horizonte: Editora de Desenvolvimento Gerencial, 1999.
CHIAVENATO, Idalberto. *Iniciação à administração de materiais.* São Paulo: Makron; McGraw-Hill, 1991.
_____. *Administração nos novos tempos*. 2. ed. Rio de Janeiro:Campus, 1999.
CHRISTOPER, Martin.*Logística e gerenciamento da cadeia de suprimento:Estratégia para redução de custos e melhoria dos serviços*. São Paulo: Pioneira, 1997.
_____. *A logística do marketing*. São Paulo: Futura, 1999.
DIAS, Marco Aurélio P. *Administração de materiais*. São Paulo: Atlas, 1995.
_____.*Gerência de materiais*. São Paulo: Atlas, 1996.

DIAS, Mário R. *Controlando a Qualidade*. Rio de Janeiro: SENAI-DR/RJ, 1994.

_____. *Descobrindo a Qualidade*. Rio de Janeiro: SENAI-DR/RJ, 1994.

FLEURY, Paulo Fernando. *Gestão Estratégica do Transporte*. 2002. Disponível em: <http://www.coppead.ufrj.br/pesquisa/cel/new/fs-busca.htm?fr-estrat-trans.htm>.Acesso em: mai 2005.

GURGEL, Floriano do Amaral. *Administração dos fluxos de materiais e de produtos*. São Paulo: Atlas, 1996.

HIRANO, Hiroyuki. *5S na prática*. 2.ed. São Paulo: IMAM, 1994.

KEEDI, Samir. *Logística de transporte internacional*: Veículo prático de competitividade. São Paulo: Aduaneiras, 2000.

KOTLER, Philip. *Administração de marketing*.Edição do novo milênio. São Paulo: Pearson Prentice |Hall, 2000.

KOTLER, Philip; ARMSTRONG, Gary.*Princípiode marketing*.7. ed. LTC, 1999.

LACERDA, Leonardo. Logística reversa: Uma visão sobre os conceitos básicos e as práticas operacionais. *Revista Tecnologística*, São Paulo, n.74, p.46-50, jan. 2002.

LACERDA, Leonardo. *Armazenagem estratégica*:Analisando novos conceitos. 2000. Disponível em: <http://www.coppead.ufrj.br/pesquisa/cel/new/fs-busca.htm?fr-capac.htm>. Acesso em:mai 2005.

LEONE, George S. G. *Curso de contabilidade de custos*. **2.ed**. São Paulo: Atlas, 2000.

MANUAL TÉCNICO DE TRANSPORTES. Companhia Paulista de Seguros: Treinamento de corretores, 2000.

MOTTA, Fernando C. Prestes; VASCONCELOS, Isabella F. Gouveia de. *Teoria geral da administração*. São Paulo: Pioneira Thomson, 2005.

PALADINI, Edson Pacheco. *Gestão da qualidade*: Teoria e prática. 2. ed. São Paulo: Atlas, 2006.

PANORAMA SETORIAL. *Seguros*. 1996.

PADOVEZE, KlóvisLuis. *Contabilidade Gerencial*: Um enfoque em sistema de informação contábil. São Paulo: Atlas, 1997.

POZO, Hamilton. *Administração de recursos materiais e patrimoniais*: Uma abordagem logística. São Paulo: Atlas, 2001.

RIBEIRO, Décio N. *Conceituando a qualidade*. Rio de Janeiro: SENAI-DR/RJ, 1994.

VIDOSSICH, F - FURLAN O. *Dicionário de novos termos de ciências e tecnologias*: empréstimos, locuções, siglas, cruzamentos e acrônimos.

As imagens ilustradas nesta obra, foram extraídas do site Corbis Imagens - Royalty-free
http://www.corbisimages.com/content/royalty-free/
e de cliparts que estão disponíveis no Microsoft Office Word.

Biografia

Antonio Pedro Barbosa

Mestre em Gestão Moderna de Negócios pela Universidade Regional de Blumenau – FURB em (2000). Até 2012, atuou como professor do Centro Universitário Facvest, na cidade de Lages, ministrando as disciplinas de Administração de Materiais e Patrimônio, Administração de Serviços, Administração da Produção e Logística na Cadeia de Suprimento, Administração de Marketing, Estratégia Mercadológica, Instrumentos de Análise Administrativos, Empreendedorismo, Gestão de Pequenos Negócios e Administração Farmacêutica.

Atualmente faz parte da tutoria interna da Uniasselvi, Instituição pertencente ao Grupo KROTON, atuando como responsável pelas disciplinas de Marketing Industrial e de Serviços, Marketing de Vendas, Marketing de Relacionamento, Web Marketing, Pesquisa de Mercado, Promoção e Propaganda, Logística de Suprimento e Distribuição, Estratégia e Planejamento Logístico, Logística da Produção e Serviços, Logísticas Reversas, Análise de Transportes, Planejamento Estratégico, Administração da Produção, Empreendedorismo e Teoria Geral da Administração. Possui vasta experiência em docência e conhecimentos práticos na área administrativa, atuando como Gerente de Compras e Gerente de Vendas.

QUALITYMARK EDITORA

Entre em sintonia com o mundo

QualityPhone:

0800-0263311

Ligação gratuita

Qualitymark Editora
Rua Teixeira Júnior, 441 – São Cristóvão
20921-405 – Rio de Janeiro – RJ
Tels.: (21) 3094-8400/3295-9800
Fax: (21) 3295-9824
www.qualitymark.com.br
e-mail: quality@qualitymark.com.br

Dados Técnicos:

• Formato:	16 x 23 cm
• Mancha:	11 x 18 cm
• Fonte:	CG Omega
• Corpo:	11
• Entrelinha:	13
• Total de Páginas:	208
• Lançamento:	2013